박람회가
1등 기업을 만든다

박람회가
1등 기업을 만든다

송성수 지음

박영사

추 천 의 글

박람회는 현재 전세계적으로 많은 기업들이 이용하고 있는 가장 효과적인 마케팅 수단의 하나이다 .

최근 각광을 받고 있는 인터넷의 영향에도 불구하고 박람회를 통한 마케팅 활동은 앞으로도 더욱 증가할 것으로 전망된다.

우리나라에서도 이제는 해외 박람회에 참가한 적이 없는 업체들이 별로 없을 정도로 해외 박람회 참가는 보편화되고 있다.

국내 업체들의 해외 박람회 참가 시 마케팅 활동을 보면 개인적인 경험에 의존하는 경우가 대부분이고 박람회 참가 경험이 별로 없는 업체들의 경우에는 박람회에서 어떻게 마케팅 활동을 해야 할지 막연하게 느끼는 것 같다.

국내에 마케팅에 관한 일반적인 책들은 많으나 박람회 마케팅을 다룬 책은 별로 없고 외국에서 출간된 박람회 마케팅에 관한 서적들은 우리 상황에 맞지 않는 부분이 많아 큰 도움이 못되고 있는 것이 현실이다.

마침 우리나라 전시분야 최고 전문가 중의 한 사람인 KOTRA 송성수 실장이 지난 2003년에 발간한 「21세기 떠오르는 전시산업」에 이어 이번에는 「박람회가 1등 기업을 만든다」라는 좋은 책을 발간하게 되었다.

이 책은 송성수 실장이 그 동안 수많은 해외 박람회를 직접 다루면서 경험한 실전내용을 중심으로 하고 있다.

이 책이 해외 박람회 참가를 계획하고 있는 모든 국내 업체들에게 좋은 지침서가 되기를 기대한다.

2006년 1월

KOTRA 사장 홍기화

머리글 박람회가 1등 기업을 만든다

전시산업분야 원론서라고 할 수 있는 「21세기 떠오르는 전시산업」 출간 이후 3년 만에 박람회에서의 마케팅을 다룬 「박람회가 1등 기업을 만든다」라는 책을 내게 되었다.

오랫동안 다루었던 분야라고 하지만 실무적으로 일일이 확인해야 하는 부분이 많아 당초 예상보다 많은 기간이 소요되었다.

이 책을 쓰게 된 동기는 최근 들어 해외 박람회에 참가하는 국내 기업들의 수가 폭발적으로 늘어남에 따라 이제 해외 박람회 마케팅을 다룬 실무 지침서가 필요한 단계에 왔다고 생각하였기 때문이었다. 우리나라 업체 사정이나 외국 박람회 현지상황 그리고 실지로 체험한 경험 등에 기초하여 우리 실정에 맞는 책을 한번 만들어 보고 싶었다.

박람회 마케팅 활동은 박람회를 매개로 하여 3~4일간의 짧은 기간 중 세계 각국의 수많은 바이어들을 대상으로 집중적으로 이루어지며 경쟁업체들과 한 장소에서 비교 평가된다는 점에서 일반 마케팅 활동과 차이가 있다. 따라서 박람회에서의 마케팅 활동은 일반 마케팅 활동과 좀더 다른 접근방법이 필요하다고 생각한다.

이 책은 박람회 참가준비에서, 사전 마케팅, 현장 마케팅, 사후 관리 그리고 박람회 참관방법에 이르기까지 박람회 마케팅과 관련된 전 과정을 다루고 있다. 그리고 부록으로 박람회 참가 키 포인트 매뉴얼과 추천 해외 유명 박람회를 포함시켰다. 해외 박람회 참가 경험이 많지 않은 분들은 물론이고 참가 경험이 많은 분들에게도 박람회 참가를 준비하면서 수시로 꺼내 볼 수 있는 꼭 필요한 지침서가 될 수 있기를 바란다. 그리고 대학에서 이 분야를 공부하는 학생들에게도 좋은 참고 서적이 되기를 기대해 본다.

이 책이 나오기까지 많은 격려를 해 주신 KOTRA 홍기화 사장님께 깊이 감사를 드린다.

그리고 자료수집과 작성과정에서 많은 도움을 주신 KOTRA 해외무역관과 전시컨벤션팀 직원 여러분들께 고마움을 표하고 싶다.

또한 이 책이 발간될 수 있도록 도와 주신 박영사 안종만 회장님 이하 직원 여러분들께도 감사드린다.

2006년 1월 송성수

차례

제1부 박람회 참가 왜 하는가

1. 박람회란 무엇인가
2. 최고의 종합 마케팅 수단, 박람회
3. 박람회에 참가해야 하는 7가지 이유
4. 해외 박람회–어떻게 변화하는지 알아야 한다

01 박람회란 무엇인가

박람회의 역사

박람회의 역사는 먼 고대로 거슬러 올라가는데 그 기원은 매우 불분명하다. 박람회의 기원은 고대의 물물교환(Barter) 장터에서부터 시작된 것으로 추정되고 있다. 물물교환을 목적으로 사람들이 정기적으로 만난 만남의 장소를 초기 형태의 시장이라고 할 수 있는데 서로 다른 부족간 또는 국가간 거래의 경우에는 국경지역에 있는 장소 중 교통과 안전성 면에서 유리한 위치에 있는 곳이 주로 이용되었다. 이러한 정기적인 물물교환 장소에는 일반 상인을 비롯하여 그 당시의 연예인이나 진귀한 제품을 팔러 다니는 상인 등이 모여들기 시작했고 나중에는 그 숫자도 크게 늘어나게 되었다.

정기적으로 열리는 이러한 초기 형태의 시장이 점차 오늘날의 박람회와 같은 성격을 띠게 된 것이다. 이렇게 고대 물물교환 장소에 그 기원을 두고 있는 박람회는 인간의 다른 상업 활동과 마찬가지로 사람들의 경제적 필요에 의해 생겨나고 발전하게 되었다.

그러나 박람회 역사에 대한 연구는 19세기까지 거의 이루어지지 않았고 고대 박람회에 관한 기록도 사실상 남아있지 않다. 이것은 박람회가 19세기까지 학자들로부터 하잘 것 없는 대상으로 취급받고 있었기 때문인 것으로 보인다. 박람회에 대한 가장 오래된 기록이 성경 에스겔서에 나오는데 기원전 약 6세기경 오늘날의 레바논 지역에 존재했던 고대국가 페니키아의 최대 상업도시이자 항구도시였던 두로(Tyre)에서의 물품거래와 무역에 관한 것이다. 그 당시 그리스, 애굽, 아라비아, 메소포타미아 등 인근 국가들로부터 모여든 수 많은 상인들과 무역 거래물량의 규모 등을 고려할 때 『두로(Tyre) 박람회』는 국제무역 박람회의 효시라고 할 수 있을 것이다. 또한 성경 에스더서를 보면 기원전 5세기 페르시아의 『아하수에로 왕』 때 "180일 동안 그 영화로운 나라의 부함과 위엄의 혁혁함을 나타내니라"라는 기록이 나온다. 이 '富의 展示'는 왕의 지시에 의해 그 당시 막강했던 페르시아 제국에서 생산된 물품과 부가 망라되어 6개월 동안이나 전시된 대규모 Empire Expo였으며 따라서 이 박람회를 세계 박람회(Expo)의 기원이라고 보고 있다.

역사학자들은 고대 이집트, 시리아, 로마, 그리스 등지에서는 종교적 행사나 정치적인 모임이 있을 때마다 수시로 박람회가 열렸다고 주장한다.

기원후 4세기 콘스탄틴 대제시대 때 큰 규모의 종교행사가 개최될 때면 많은 무역상인들이 와서 물건을 사고 팔았다는 기록이 있다.

중세 박람회는 성지에서 신자나 순례자들의 모임이 있을 때 그리고 특히 사람들이 많이 모이는 성인 기념일에 수도원이나 성당

1851년에는 영국 런던에서 근대 Expo의 효시인 Crystal Palace Expo가 개최된 것을 시작으로 19세기 중반부터 20세기 중반까지 유럽과 미국 등지에서는 Expo가 거의 매년이다시피 개최되었다.

안팎에서 생겨나기 시작했다. 성당이나 수도원 건물과 그 주변 지역은 신자들과 순례자들을 수용하기에는 턱없이 비좁았기 때문에 타 지역에서 온 상인들은 임시로 텐트나 가건물을 짓고 장사를 하기 시작하였는데 이것이 중세 박람회로 발전하게 된 것이다.

독일어로 Messe는 『박람회』와 함께 교회 예배인 『미사』(mass, 라틴어 missa)의 두 가지 의미가 있는데 이는 고대와 중세교회에서 종교행사가 행해질 때 박람회가 함께 열렸기 때문에 박람회와 미사가 동의어화한 것으로 역사학자들은 분석하고 있다.

1889년
파리 Expo장
건설 모습

18세기 중반 경에 이르면 중세기에 걸쳐 유럽에서 오랫동안 중요한 무역과 거래 수단으로 이용되어 온 실물거래 위주의 박람회가 해체 징후를 보이기 시작하는데 이것은 산업혁명의 결과 주문에 의한 도매 위주의 상거래 방식이 보편화되기 시작했기 때문이었다. 중세 박람회가 쇠퇴해 가는 가운데 1798년 프랑스 파리에서는 공장과 도매점에 제품 주문을 목적으로 한 최초의 견본전시 위주의 산업박람회가 개최되었다. 이 박람회는 중세 박람회와는 달리 종교행사와는 아무 관계없이 개최되었고 견본을 중심으로 거래가 이루어졌다는 점에서 근대 박람회의 효시라고 할 수 있다.

1851년에는 영국 런던에서 근대 Expo의 효시인 Crystal Palace Expo가 개최된 것을 시작으로 19세기 중반부터 20세기 중반까지 유럽과 미국 등지에서는 Expo가 거의 매년이다시피 개최되었다. 1854년 뉴욕 Expo에 Otis가 그의 특허품인 엘리베이터를 최초로 선보였고 1876년 필라델피아 Expo에는 Bell 전화기, 에펠탑이 등장한 1889년 파리 Expo에는 에디슨 축음기가 최초 출품되는 등 Expo는 그 당시 새로 발명된 물건들을 구경할 수 있는 장소로서 큰 인기를 끌게 된다. 1, 2차 세계대전 이후 현대식 국제 박람회가 세계 각국에서 개최되기 시작하였고 박람회는 상거래와 거래의 주요 수단으로 눈부신 성장을 거듭하게 된다.

1889년
파리 Expo에 출품된
에디슨의 축음기 전시 장면

우리나라의 박람회 역사는 113년 정도가 되는 것으로 보고 있다. 우리나라가 국제 박람회에 처음 모습을 드러낸 것은 콜럼버스 미대륙 발견 400주년을 기념하기 위하여 1893년(고종 30년)에 개최된 시카고 Columbian Expo에서인데 이 Expo에는 연인원 2,700만 명이 관람한 것으로 나타나고 있다. 이 Expo의 한국관 관장은 고종황제가 직접 임명한 당상관(정 3품) 정경원으로 관리요원 2명, 악사 10명과 함께 수 개월간의 항해 끝에 샌프란

시스코를 거쳐 시카고에 도착하게 된다. 이들 악사들은 Expo 개막 당일 한국관에서 당시 스티브 클리블랜드 미국 대통령이 지켜보는 가운데 조선 국악을 연주했는데 클리블랜드 미국 대통령은 연주 소리를 듣고 감탄하여 조선 악사들을 일일이 포옹하고 격려해 주었다고 한다. Expo 주전시관 앞에는 참가 47개국의 국기가 게양되었는데 Expo 주최국인 미국 성조기 바로 옆에 태극기가 게양되어 있었다고 한다. 이는 쇄국 정책을 풀고 시카고 Expo에 최초로 참가한 조선을 당시 미국이 얼마나 환대해 주었는지를 알게 해 주는 부분이다. 당시 한국관은 주전시관 내부에 위치하고 있었으며 899평방피트 크기의 기와집이었다. 한국관에 출품된 전시품은 군복, 돗자리, 가마, 갑옷, 부채 등이 출품되었다. 두 번째로 참가한 1900년 파리 Expo에는 명성황후의 조카인 민영찬

1893년
시카고 Expo
한국관 모습

법무협판(법무차관격)을 대표로 한 사절단이 파견되었고 한국관에는 도자기, 악기, 책, 황제의상, 금은제품, 농산물 등 수백 점이 전시되었다. 이후 한일합방으로 해외 박람회 참가 기회는 없어졌고 일제시대에는 식민지 통치의 업적과 일본의 문물을 선전하기 위한 조선 박람회가 개최되었다.

일제하의 조선에서 개최된 박람회는 사람들에게 엄청난 관심의 대상이었다. 1929년 6월 8일자 조선일보의 박람회 관련 기사를 보면

"박람회(博覽會)다! 박람회다! 이때를 놓치면 큰 낭패다!
三十萬 서울은 百만二百만이 된가.
려관업(旅館業)이다. 음식점(飮食店)이다.
평양(平壤)에서는 긔생들이
총동원(總動員)으로 서울에 원정(遠征)을 온단다."

광복 이후 1953년부터 외무부 주관으로 해외 박람회에 참가하기 시작하였고 1963년부터는 KOTRA 주관으로 해외 박람회 참가를 본격화하게 된다. 국내적으로는 1958년에 광복 이후 최초로 경복궁에서 산업 부흥을 목적으로 한 산업 박람회가 개최되었다. 우리나라의 전시산업 역사는 실질적으로는 1960년대 초

경제개발 계획과 함께 걸음마를 시작하였다고 해도 과언이 아니며 1979년 한국 종합전시장(구 KOEX) 개관을 계기로 국내 박람회 개최가 본격적으로 시작되었다. 1993년에는 대전에서 Expo가 개최되었고 2000년대 들어 일산, 부산, 대구, 광주 등지에 종합전시장이 잇달아 오픈되어 연간 수백 회의 박람회를 개최하게 된다.

박람회의 정의와 분류 박람회는 전통적인 정의로는 유형 또는 무형의 상품을 매개로 하여 특정한 장소에서 일정 기간 동안 방문객과 참가업체 간에 상품거래와 홍보 등을 주목적으로 진행되는 일체의 마케팅 활동으로 규정한다. 다시 말하면 박람회는 전시장에서 전시기간 중 상품과 서비스의 판매 및 구매를 목적으로 판매자와 구매자 간에 이루어지는 일체의 거래 행위라고 할 수 있다. 그러나 최근 들어서는 박람회의 기능이 단순 마케팅 수단에 그치지 않고 신제품과 신기술 소개, 브랜드 홍보, 참가자들 간의 Networking과 교육 그리고 일반 대중들에게는 인기 있는 Entertainment의 장소로서 그 기능이 확대되어 종합 마케팅 수단으로 널리 활용되고 있다.

박람회에 대한 분류는 박람회를 연구하는 학자에 따라 차이가 있다. 박람회의 성격이나 해당 국가의 박람회 여건 등에 따라 분류하는 바가 달라질 수 있기 때문이다.

필자는 다음과 같이 박람회를 분류하고 있다.

첫째, 전시되는 품목이나 분야에 따라 크게 전문 박람회, 종합 박람회, 세계 박람회(Expo) 세 가지 유형으로 구분한다.

둘째, 전문 박람회는 박람회 성격에 따라 Trade Show와 Consumer(Public) Show, Combined(Mixed) Show 등 세 가지로 구분한다. Trade Show는 철저한 Business-to-Business (B2B) 박람회로서 Buyer only이다.

Consumer(Public) Show는 일반인을 상대로 한 박람회이고 Combined(Mixed) Show는 Trade Show와 Consumer Show가 혼합된 형태이다. 종합 박람회는 Combined Show 성격이 대부분이며 주로 개도국 중에서 개최되고 있으나 그 기능이 쇠퇴해가고 있다.

Trade Show를 다시 Horizontal Show와 Vertical Show로 구분하기도 하는데 Vertical Show는 출품되는 품목이 더 세분화되고 한두 가지로 전문화된 것이다.

예를 들어 식품 박람회가 Horizontal Show라면 건강식품 박람회는 Vertical Show라고 할 수 있다.

셋째, 외국업체가 참가하느냐에 따라 국제 박람회와 국내 박람회로 구분한다.

그 밖에 해외에서 단독으로 전시회를 개최할 경우 전시회 성격에 따라 종합상품 전시회, 특별전시회, 물산전 등으로 구분한다.

전시되는 품목이나 분야에 따른 분류

	전문 박람회	종합 박람회	세계 박람회
전시품목	특정 산업분야 또는 전문품목	다양한 산업분야 및 종합품목	산업,과학,기술, 문화, 예술 등 전분야 망라
전시기간	3~5일	1~2주	6개월 이내
참가업체	개별 업체	개별 업체 및 정부기관	국가 단위
방문객	바이어와 일반인	바이어와 일반인	일반인
예	서울 국제 식품전	카이로 국제 박람회	아이치 Expo

전문 박람회 성격에 따른 분류

	Trade Show	Consumer(Public) Show	Combined(Mixed) Show
성격	거래 상담만을 목적으로 한 철저한 B2B 박람회	제품 홍보목적으로 일반인을 대상으로 한 박람회	Thade Show 와 Consumer가 혼합된 형태
방문객	바이어	일반인	바이어 + 일반인
예	전자부품 박람회, 공작기계 박람회	Motor Show	정보통신전, 전자전

박람회라는 용어의 차이 박람회는 영어로 Show, Trade Show, Exhibition, Fair, Trade Fair, Expo, Exposition 등으로 다양하게 표현되나 약간씩 다른 의미를 내포하고 있다. 전시회나 박람회를 의미할 때 주로 사용되는 영어 단어는 Exhibition과 Fair인데, 어떤 의미에서는 사촌간이라고 할 수 있는 두 용어는 역사적 생성 배경이나 개념상 차이가 있다.

Exhibition은 태동기부터 다음 4가지 점에서 Fair와 차이가 있었다.

첫째, Fair는 고대와 중세를 거친 역사가 있으나 Exhibition은 18세기 말엽 산업혁명의 결과 나타난 견본전시 위주의 전시현상이다.

둘째, Exhibition은 일회성 행사였으나 매우 조직적인 행사였다. Fair는 주기적으로 열렸으나 아주 잘 조직된 행사는 아니었다. Fair가 단기간 행사였다면 Exhibition은 대개의 경우 수 개월 또는 1년씩 지속된 경우도 있었다.

셋째, Exhibition은 전시를 위한 영구 시설에서 열렸으나 Fair는 그렇지 못했다. 18세기 말엽부터 Exhibition은 영구 시설에서 열리기 시작했는데 이러한 영구 시설은 오늘날의 전시 컨벤션 센터의 기원이 되었다.

넷째, Exhibition은 비즈니스가 이루어지는 방식에 있어서 Fair와 차이가 있다. Fair에서는 현장에서 전시된 물품들이 구매되고 판매된다. 그러나 Exhibition에서는 전시된 물품의 직판보다는 주문을 목적으로 한 전시 위주가 된다.

다음, Exposition은 북미에서 주로 많이 사용되는 용어인데 Exhibition보다는 좀더 규모가 큰 전시행사를 의미하는 뜻이 강하다.

Show는 용어상으로 행사적 성격이 강조된 듯 하나 실질적으로는 박람회나 전시회를 의미하는 용어이다. Exhibition이나 Fair가 유럽에서 많이 사용되는 용어라면, Show는 북미에서 많이 사용된다. Expo는 세계 박람회(World' s Fair)를 의미한다.

Fair, Exhibition, Exposition, Show는 그 역사적 배경이나 개념상 차이가 있다. 그러나 그것은 어디까지나 역사적 배경과 개념상의 차이일 뿐 오늘날에는 일반인에게 위의 네 가지 용어는 전시회나 박람회를 의미할 때 차이 없이 혼용되고 있다.

박람회를 구성하는 5요소 박람회는 전시주최자, 참가업체, 참관객, 전시장, 전시 서비스업체 등 5개의 요소로 구성되어 있다. 이러한 5개의 요소가 결합되어 상호작용함으로써 하나의 박람회가 개최되고 운영된다.

전시주최자(Show Organizer)__전시주최자는 박람회 개최를 위한 기획, 전시장 임차, 참가업체와 참관객 유치, 홍보활동, 관리 운영 등 박람회 개최와 관련된 제반 업무를 담당하는 주체를 말한다. 전시주최자로서는 박람회 개최를 전문으로 하는 PEO (Professional Exhibition Organizer)를 비롯하여 전시장 운영자, 정부기관, 협회, 언론사, 민간기업 등이 있다. 미국의 경우는 전시주최자가 주로 관련 협회나 전시 전문업체들이며 독일의 경우는 대부분 전시장 운영자들이다.

참가업체(Exhibitor)__참가업체는 전시주최자로부터 일정 규모의 전시 부스를 임차하여 자사제품과 서비스에 대한 거래상담과 홍보 등을 목적으로 박람회에 참가하는 개별 업체를 말한다.

참가업체는 전시주최자에게 부스 임대료와 제공 서비스에 대한 비용을 지불하는데 박람회 개최 수입의 대부분이 참가업체들의 참가비이므로 전시주최자로서는 참가업체가 중요한 고객이다.

참관객(Visitor)__참관객은 박람회를 참관하는 모든 방문객들을 말한다. 참관객에는 구매상담을 위해 방문하는 바이어, 시장동향 파악과 정보수집이 목적인 관련업계 인사 그리고 일반 방문객 등이 포함된다.

전시장(Venue)__전시장은 참가업체의 전시품이 전시되고 참관객이 방문하여 거래상담과 정보교환 등 제반 활동이 이루어지는 장소, 다시 말해 Exhibition and Convention Center를 말한다. 전시장은 전시를 위한 시설 이외에 세미나 등 각종 부대행사 개최를 위한 시설이 함께 조성되어 있다.

전시 서비스업체(Exhibition Service Contractor)__전시 서비스업체는 전시주최자나 참가업체에게 박람회 개최나 참가와 관련된 각종 서비스를 제공하는 용역업체이다.

제공하는 서비스 분야는 부스 장치와 디자인, 비품, 싸인물, 운송, 전기, 급배수, 인력공급, 조사 등이 포함된다.

02 최고의 종합 마케팅 수단, 박람회

오늘날 기업들이 활용할 수 있는 마케팅 수단으로서는 대체로 직접 세일즈, 박람회, 매스컴, 텔레마케팅, 인터넷, 인쇄물 등이 있다.

이 중 박람회는 현재 전세계적으로 많은 기업들이 가장 효과적인 종합 마케팅 수단으로 활용하고 있다. 박람회가 이와 같이 보편적인 마케팅 수단이 되고 있는 것은 박람회만이 갖고 있는 고유한 기능들 때문이다. 박람회가 갖고 있는 기능이나 특성을 잘 알아야 해외 마케팅에 박람회를 효과적으로 활용할 수 있다. 박람회가 왜 가장 좋은 종합 마케팅 수단인지를 알아본다.

구매를 촉진시켜 준다 구매는 박람회가 촉진하려고 하는 기능 중의 하나이다. 특히 박람회는 구매자(Buyer)와 판매자(Seller)가 같은 장소에서, 같은 시기에 그리고 쉽게 만날 수 있도록 하는 방향으로 발전을 거듭해 왔다.

미국의 전시산업 연구센터(CEIR) 조사에 의하면 미국 기업의 구매의사 결정자들의 57%가 박람회 현장에서 구매를 결정했고 구매의사 결정자들의 90%는 박람회에서 어떤 제품을 구매할 것인가를 결정하는데 박람회에서 취득한 정보를 활용했다고 한다. 박람회에서 이루어지는 집단적인 접촉이 구매를 가속화시킨다고 할 수 있다. 세계 유명 박람회의 경우는 당해 연도 바이어들의 주요한 구매가 박람회에서 결정되며 박람회 기간이 사실상 최대의 구매 시즌이 된다.

현재는 그 명성이 다소 퇴색한 감이 있지만 과거 1970년대와 80년대에 개최된 독일 뉴렌버그 완구 박람회의 경우 전세계적으로 주요 구매가 이 박람회에서 결정되었기 때문에 당시 완구업계에서는 "일년 완구 농사를 여기서 다 짓는다"라는 말이 있었다.

판매를 촉진시켜 준다

판매는 박람회에서 가장 활발하게 이루어지는 활동이며 구매와 판매는 박람회와 동의어라고 할 만큼 박람회의 주요한 기능이다. 박람회는 판매과정을 촉진시키고 또 구체화시켜 준다. 다른 어떠한 마케팅 수단이나 세일즈 수단도 박람회만큼 한 장소에서 그리고 일시에 많은 수의 구매자를 상대로 판매활동을 할 수 없다.

국산 인삼 엑기스가 지난 1970년대, 80년대에 독일의 식품 박람회에서 인기리에 직매되었던 때가 있었다. 일반 상점에서 같은 제품을 판매했더라면 그렇게 잘 팔리지 못했을 텐데 박람회라는 특별한 장소에서 판매하니까 잘 팔렸던 것으로 보인다.

박람회는 판매를 촉진시키는 내재적 특성이 있다.

신제품, 신기술을 소개하고 테스트하는 기회를 만들어 준다

미국 전시산업 연구센터 조사결과에 의하면 박람회 참가자들의 81%가 해당 산업분야의 신제품과 신기술을 보기 위해 박람회를 찾는다고 한다. 따라서 많은 참가업체들이 신제품과 신기술을 선보이는 도약대로 활용한다. 박람회 기간은 관련 업계가 신제품을 출시하는 시기와 일치하는 경우가 많다. 또한 신제품을 출품하는 참가업체들에게는 박람회가 신제품의 시장성을 즉각적으로 파악

미국 라스베가스
소비재 전자 박람회
—2005 한국관

할 수 있는 테스트 마켓이 된다. 예를 들면 구매자들의 반응은 어떤지, 가격은 어떠한지, 보완이 필요한 부분이 있는 것인가 하는 것 등이다. 박람회에서 신제품에 대한 바이어들의 반응이 좋으면 이것은 아주 좋은 결과이고 대규모 오더로 이어진다.

미국 라스베가스 CES(소비재 전자전)의 경우 세계유수의 전자 메이커들이 이 박람회에 대거 참가하는 가장 중요한 목적 중 하나는 바이어와 일반인들에게 신제품과 신모델을 선보이고 반응을 파악하기 위한 것이며 이러한 신제품을 보기 위해 세계 각국으로부터 수많은 방문객들이 이 박람회로 운집하게 된다. 역사적으로 보더라도 19세기 후반에 발명된 엘리베이터(OTIS), 전화기, 세탁기, 축음기 같은 것들이 일반 대중에게 처음 선보인 것은 박람회에서였다.

신규 바이어를 만날 수 있게 해 준다

기업이 성장하기 위해서는 항상 새로운 바이어를 필요로 하게 된다. 박람회는 새로운 많은 바이어를 만날 수 있게 해 준다. 박람회의 이점 중 하나는 바이어들이 직접 자기 스스로 찾아온다는 것이다. 바이어들이 박람회에 대거 참가하는 이유는 새로운 상품과 새로운 거래선을 찾기 위해 박람회에 오는 것이다. 새로 개발된 유망 제품을 출품한 업체가 있다면 많은 새로운 바이어들이 그 업체에 몰려들 것이다. 세계 유명 박람회에서 새로운 많은 바이어들을 만나는 것은 누구나 흔히 겪는 경험이며 박람회에서 만난 새로운 바이어가 나중에 고정 거래선이 되는 경우가 많다.

네트워킹과 협력의 계기를 만들어 준다

사람들이 박람회를 찾거나 참가하는 중요한 이유 중 하나는 관련업계 사람들을 만나 대화하는 가운데 정보 교환과 상호 관계성을 넓히는 것, 다시 말해 Networking인데 박람회는 참가자들이 네트워킹을 효과적으로 할 수 있도록 분위기를 만들어 준다. 박람회는 구매와 판매라는 과정 가운데 사람들이 한자리에 모이도록 만들어졌는데, 여기에는 판매와 구매라는 상호 작용과 동시에 인간의 기본적인 커뮤니

케이션이라고 할 수 있는 네트워킹의 요소도 있다. 또한 네트워킹은 단순한 네트워킹으로 끝나지 않고 네트워킹 과정을 통해 상호 협력, 더 나아가서 제휴와 합작의 단계로까지 발전할 수 있다.

미 CEIR 설문조사 결과도 참가자들의 66%가 박람회에 참가하는 주요 이유 중 하나로 네트워킹을 꼽았다. 사람들은 관련업계 사람들을 만나 이야기하고, 인맥을 확대하고, 자신을 개발하고 재충전하는 한편 이해가 맞는 거래 상대방과 협력과 합작의 가능성을 타진하기 위해 박람회에 참가하는 것이다.

최신 시장정보를 입수할 수 있다

박람회에서 참가자들은 짧은 시간에 많은 양의 최신 제품 개발 정보와 시장 흐름에 관한 정보를 입수할 수 있다. 박람회에서는 각종 신제품과 최신 기술이 소개되고 앞으로의 시장거래 동향이 제시되기 때문이다. 특히 세계 유명 박람회에서는 각종 세미나가 잇달아 개최되는데 이러한 세미나들은 해당 제품이나 분야에 대한 최신 정보 제공 및 교육의 장으로 많이 활용되고 있다. 또한 박람회에서는 경쟁사에 관한

한일 Super Expo
세미나 장면

정보도 효과적으로 입수할 수 있다. 경쟁 관계에 있는 공급업체들이 박람회라는 장소에 일시에 집결하게 되므로 바이어들은 공급업체에 관한 구매 결정에 필요한 정보를 쉽게 파악할 수 있다.

또한 공급업체 측면에서 볼 때도 자사제품의 경쟁력을 분석하고 다른 경쟁사에 대한 정보를 효과적으로 입수하기 위해 박람회가 중요한 장소이다.

기업 브랜드와 이미지를 집중적으로 홍보할 수 있다

최근에는 기업의 브랜드 이미지를 형성하고 또 부각시켜 줄 수 있는 수단으로서 박람회가 많이 활용되고 있다. 박람회장에서 고객이 어느 기업 브랜드에 대해

멕시코
한국 상품전시회의 기업관

갖게 되는 부정적 경험은 그 기업에 대한 지금까지의 긍정적인 인식을 나쁘게 할 수도 있고 반면에 긍정적 경험은 종전까지의 나쁜 인식을 좋게 바꾸어 놓기도 한다. 과거 박람회는 브랜드 가치를 개발시켜 줄 수 있는 주요 수단보다는 브랜드 가치 증진에 도움을 주는 보조 수단으로 인식되어 왔다. 그러나 오늘날 박람회는 기업의 브랜드 이미지를 개발하고 형성해 주는 주요한 수단으로 자리잡고 있다.

세계 유명 박람회에 유수 기업들이 수백, 수천만 불씩의 예산을 투입하여 경쟁적으로 참가하는 가장 큰 이유 중 하나는 기업 브랜드 이미지를 홍보하기 위해서이다. 유명 박람회일수록 해당 산업계 인사는 물론 일반인들까지 대거 참관하게 되는바 기업 브랜드 이미지를 집중적으로 전달하는 데는 박람회 이상 효과적인 장

하노버 CeBIT

소도 없다. 하노버 CeBIT이나 프랑크푸르트 모터쇼(IAA) 같은 경우 전세계 해당 산업계 인사는 거의 빠짐없이 참가하고 있으며 일반 관람객수만도 100만 명에 이르고 있다.

또 박람회는 중소기업이라 하더라도 대기업과 경쟁하여 전시하는 것을 가능케 한다. 세계 유명 박람회에서 세계적인 기업들 틈에서 유망 신제품을 출품하여 주목 받는 중소기업들을 얼마든지 볼 수 있다. 세계 유명 박람회에서 주목을 받으면 자연스럽게 회사 브랜드가 관련업계에 바로 알려지게 된다.

세계 유명 박람회에 참가하게 되면 방문객들에게 "이렇게 유명한 박람회에 이만한 규모로 참가할 정도면 그래도 능력 있는 업체일거야"라는 인상을 심어 주게 된다.

홍보효과가 높고 지속성이 있다

美 CEIR 조사에 따르면 시각적 효과면에서 잡지 광고가 1주일간 지속되는데 비해 박람회는 14주간이나 지속되며 구매결정에 대한 영향력에 있어서도 다른 매체보다 박람회가 6배나 더 영향력이 있다고 분석했다.

이와 같이 박람회의 영향력은 지속적이고 장기적이다. 박람회가 열리는 기간은 불과 3~4일간이지만 장래 판매에 대한 영향력은 수 개월간 지속된다. 그 이유는 무엇인가? 그것은 박람회 자체가 사람들의 마음속에 오랫동안 이미지를 남기는 특성이 있기 때문이다.

또한 박람회에서는 신문, 잡지, 라디오, 옥외 광고물, TV 등의 홍보 방법에 비교될 수 없는 홍보효과를 거둘 수 있는데 3~4일간의 짧은 기간 동안 많게는 수십만 명이 박람회를 방문하는데다 최첨단 전시장치물과 음향, 멀티미디어 등을 이용하여 3차원적으로 정보를 전달할 수 있기 때문이다. 그리고 유명 박람회에서는 TV나 신문 등 주요 매스컴들이 신제품이나 신기술 등을 출품한 업체를 집중 보도해 주기 때문에 비용을 들이지 않고도 매스컴을 효과적으로 활용할 수 있다.

프랑크푸르트 모터쇼(IAA)에는 독일은 물론 전세계에서 10,000명에 이르는 많은 보도진들이 내방하여 주요 자동차 메이커들의 신차 출품동향을 보도하고 있는데 이러한 보도 내용이 일반 소비자들의 신차 구입 결정에 큰 영향을 미치게 된다. 유명 박람회에 가보면 Press Center가 전시장 입구 근처에 크게 자리잡고 있고 수많은 보도진으로 붐비는 것을 볼 수 있다.

일반 대중들에게 인기 있는 장소가 되고 있다

박람회는 이제 기업들을 위한 마케팅 수단으로서 뿐만 아니라 일반 대중들에게도 인기가 있는 장소가 되고 있다. 특히 하우징쇼, 모터쇼, 정보통신전, 식품전 등 일반 소비재 박람회를 중심으로 박람회가 일반인들이 가보고 싶어하는 엔터테인먼트 장소로 널리 이용되고 있는 추세이다.

최근 들어 박람회가 일반 대중에게 인기가 늘고 있는 것은 박람회에 가면 무언가 새로운 것, 재미 있는 것을 보고, 느끼고, 경험해보고, 구입할 수 있기 때문이다. 이제는 박람회에서도 일반 대중의 참여가 큰 비중을 차지하고 있고 일반 대중의 존재를 무시할 수 없게 되었다. 그래서 박람회에 참가하는 업체들도 일반 대중에게 인기 있는 박람회 위주로 참가하려 하고 있고 일반 대중에게 인기 있는 박람회가 운영도 잘 되고 있다. 박람회는 영화나 스포츠, 유명 쇼핑몰과 같이 일반 대중이 가보고 싶어하는 엔터테인먼트 장소로 자리를 굳혀 가고 있다.

03 박람회에 참가해야 하는 7가지 이유

박람회 참가가 비용면에서 유리하다

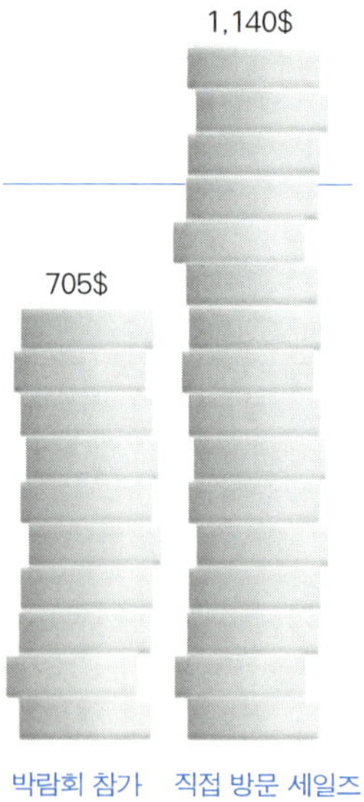

자료원_미국 CEIR

시카고 소재 미국 전시산업 연구센터(CEIR)는 직접 방문 세일즈와 박람회 참가 세일즈 방법 중 어떤 것이 비용면에서 유리한지를 비교 분석했는데 고객 직접 방문 방법으로 한 건의 상담을 주문으로 연결시키는 데는 미 1,140불이 소요되었으나 박람회에 참가할 경우에는 건당 미 705불이면 충분한 것으로 보았다.

박람회 참가가 비용면에서 직접 방문 세일즈 방법보다 유리한 것이다. 방문 세일즈를 위해서는 일일이 고객을 방문해야 하므로 출장과 고객 접촉에 비용이 많이 소요되나 박람회에서는 자기 부스에서 쉽게 수십, 수백 명의 바이어를 만나게 되므로 비용면에서 유리하다.

상담에서 주문까지의 과정이 신속하다

미국 전시산업 연구센터 조사 결과에 따르면 직접 방문 세일즈 시에는 고객에 대한 평균 방문 횟수가 3.7회가 필요하나 박람회 참가 시에는 1.6회면 충분한 것으로 나타났다.

박람회에서는 고객들이 한 장소에서 해당 업체 제품뿐 아니라 경쟁사 제품까지도 동시에 파악했기 때문에 상담을 마무리하는 데 드는 시간이 오래 걸리지 않는다. 조사대상 업체의 49%는 박람회 현장에서 직접 주문이 이루어져 고객에 대한 방문이 전혀 필요 없었다.

방문 세일스 시 고객 직접 방문 횟수

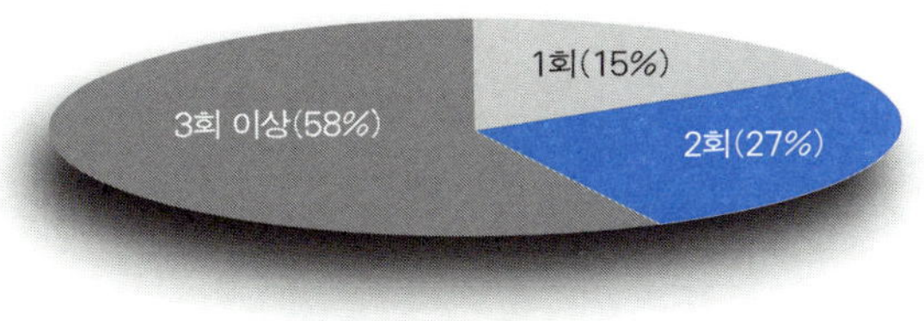

자료원_미국 CEIR

박람회 참가 시 고객 직접 방문 횟수

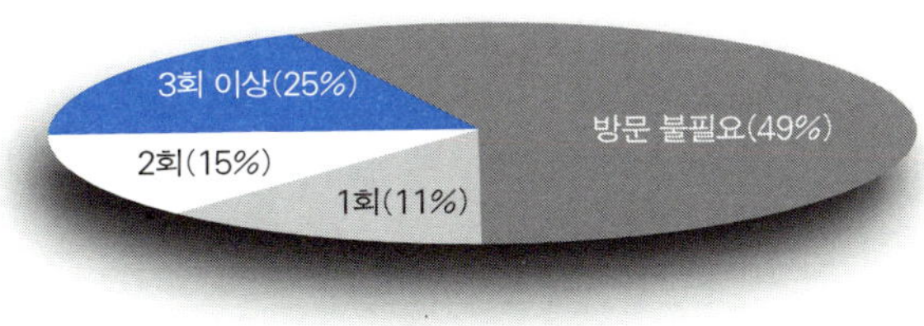

고객의 최종 구매 결정에 가장 영향을 많이 미치는 소스다

독일 전시산업진흥회(AUMA)가 2002년도에 독일의 49개 주요 박람회에서 4,200명의 방문객을 대상으로 실시한 앙케이트 조사 결과에 의하면 박람회는 인터넷 다음으로 고객의 최종 구매 결정에 가장 영향을 많이 미치는 소스로 나타났다.

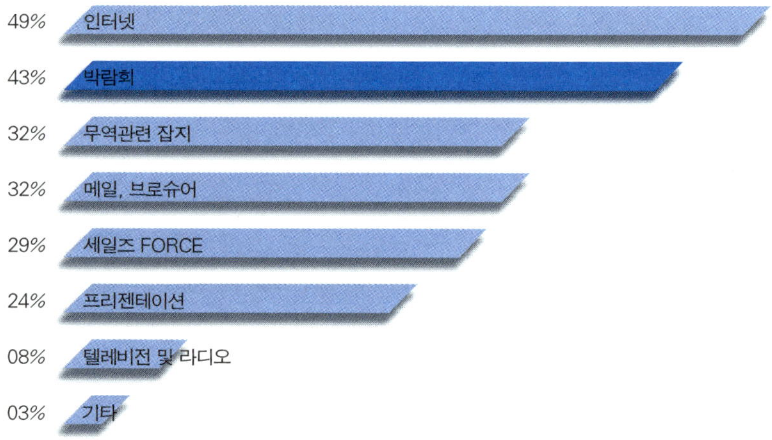

자료원_독일 AUMA

제품 홍보에 가장 효과적인 마케팅 수단이다

독일 전시산업진흥회(AUMA)가 2004년도와 2005년도에 독일의 주요 박람회에 참가한 500개 기업을 대상으로 실시한 앙케이트 조사 결과 박람회는 회사

Website 다음으로 제품 홍보에 가장 효과적인 마케팅 수단인 것으로 응답하였고 이들 업체들은 평균적으로 전체 홍보 예산의 38% 정도를 박람회 참가 비용으로 사용하고 있는 것으로 나타났다.

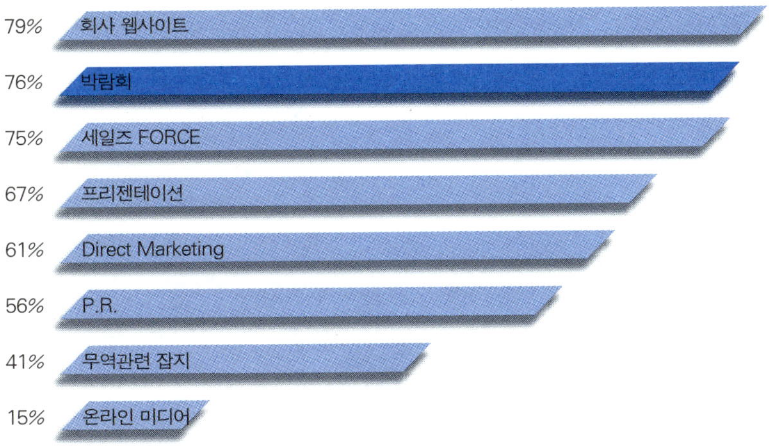

자료원_독일 AUMA

정보 교환과 수집에 가장 좋은 수단이다

독일 AUMA가 지난 1999년에 독일 주요 박람회에 참가한 1,105개 업체를 대상으로 실시한 앙케이트 결과 박람회는 Direct Marketing과 함께 정보 교환과 수집

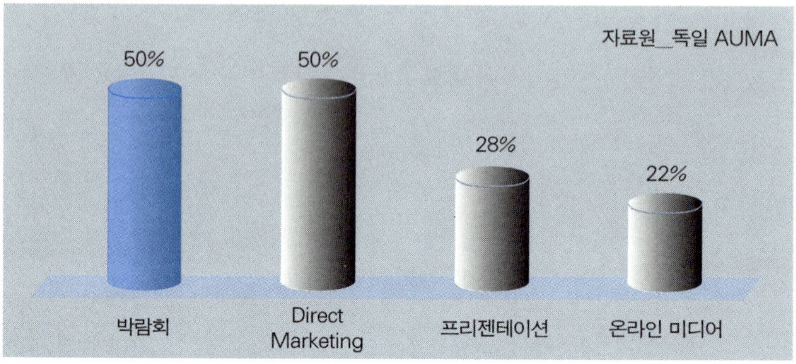

에 가장 좋은 수단으로 평가되고 있다.

고객의 니즈를 가장 잘 파악할 수 있다

독일 AUMA의 지난 1999년 앙케이트 조사결과 박람회는 Personal Sales 다음으로 고객의 니즈를 가장 잘 파악할 수 있는 수단으로 평가되고 있다.

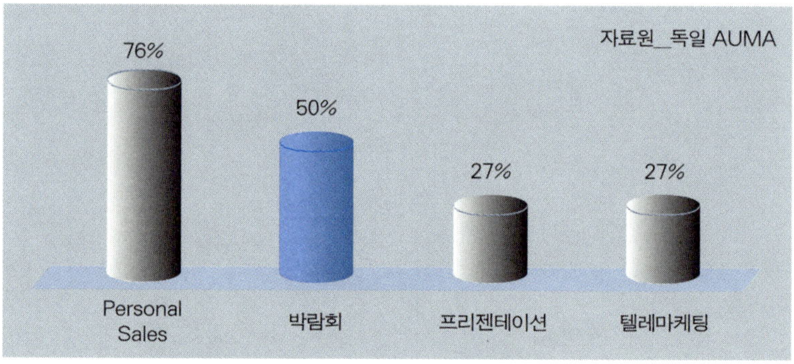

고객과의 관계를 강화하는 데 가장 효과적이다

영국 전시산업협회(AEO)가 지난 1999년 실시한 앙케이트 조사 결과에 의하면 기존 고객이나 잠재 고객과의 관계를 강화하는데 박람회가 가장 효과적인 것으로 평가되었다.

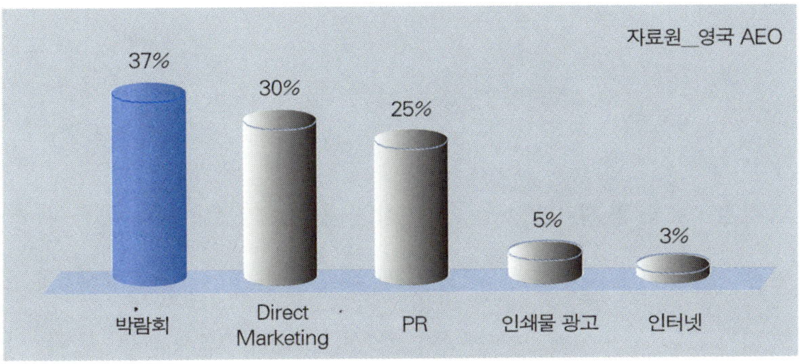

04 해외 박람회 - 어떻게 변화하는지 알아야 한다

의료분야 박람회 전망이 아주 밝다

최근 들어 의료 수요 증가와 함께 의료분야 박람회의 운영 호조가 지속되고 있다. 의료분야 박람회는 주로 2월~4월 그리고 6월~10월 사이에 많이 개최되고 있

WHO' S NEXT PARIS 박람회

으며 방사선, 물리치료, 치공, 안과 등 분야별로 세분화되어 개최되고 있는 추세이다. 미국의 경우만 하더라도 의료분야 박람회 숫자는 모두 500개가 넘는데 그 중 어느 정도 규모를 갖춘 박람회는 연간 100개나 된다.

의료분야 박람회는 새로운 의료장비와 신기술을 소개하는 장으로서 의료분야 종사자들의 활용이 확대될 것이기 때문에 의료분야 박람회에 대한 관련 업체 참가나 바이어 방문은 더욱 증가할 것으로 기대된다. 따라서 국내 의료분야 업체들은 외국의 유망 의료분야 박람회에 관심을 갖고 적극 참여하는 것이 필요하다.

2000년대 후반기는 소비재 박람회의 시대가 될 것이다

1990년대 후반기가 컴퓨터와 정보통신 박람회의 시대였다면 지금부터 2000년대 후반기까지는 소비재 박람회(Consumer Show)의 시대가 될 것으로 전망된다. 최근 들어 세계 전시산업계의 주목을 끄는 전반적인 추세 중 하나로서 소비재 박람회의 약진과 B2B(Business-to-Business) 박람회의 침체 현상을 꼽을 수 있을 것이다.

독일 프랑크푸르트
미용 박람회

시카고
가정용품 박람회

전자제품 박람회, 정보통신 박람회, 하우징쇼, 자동차 박람회, 식품 박람회, 미용 박람회 등과 같이 바이어는 물론 일반 소비자들을 대상으로 하고 있는 소비재 박람회의 운영이 호조를 보이고 있는 반면 Buyer only의 B2B 박람회는 부진을 보이고 있다.

현재 미국에서 가장 빨리 성장하고 있는 것으로 손꼽히는 50개의 대표적인 박람회만 보더라도 그 중 35개 박람회가 소비재 박람회이며 2003년도에 새로 시작된 100여 개의 신규 박람회 역시 대부분 소비재 박람회 성격이라는 것이 이러한 사실을 잘 설명해주고 있다. 따라서 우리나라 업체들은 유망 소비재 박람회를 발굴하여 참가를 확대하는 것이 바람직하다.

중국 지역 박람회가 뜨고 있다

중국은 최근 박람회 관련 산업이 폭발적으로 성장하고 있다. 중국 지역의 박람회가 급성장하고 있는 가장 큰 이유로는 참가업체나 내방 바이어의 증가를 들 수 있는데 외국업체들로서는 중국 지역 박람회가 중국의 방대한 내수시장 진출의 관문이 되고 있고, 외국 바이어들에게는 중국 지역 박람회를 통해 적격 공급업체를 Sourcing할 수 있는 기회가 되고 있기 때문이다. 이에 따라 현재 중국에는 Messe Frankfurt 등 세계적인 박람회 주최자들의 진출이 줄을 잇고 있고 상해나 북경 등지에서는 Electronica, Interstoff, Ambiente, CeBIT 등 유럽의 Brand 박람회가 성황리에 개최되고 있다. 유럽이나 미국에서 개최되는 유명 박람회가 최근 들어 큰 타격을 입고 있는 이유 중 하나는 참가업체나 바이어들이 중국 지역 박람회로 몰리는 것을 꼽을 수 있다. 향후 세계 전시산업의 판도는 기존의 미국과 유럽의 양축에서 벗어나 중국이 추가된 3각축을 중심으로 발전해 나갈 것으로 전망된다.

아시아 국가들 중 가장 후발 주자인 중국은 지난 10년 사이에 아시아 최대 전시산업 시장으로 발돋움하였다. 현재 중국에는 150개의 전시장이 전국에 산재해 있으며 아시아 지역 전체에서 개최되는 박람회 숫자의 약 50%인 2,400여 회의 각종 박람회가 매년 개최되고 있다. 최근 중국을 방문해 보면 중국은 웬만한 지방도시에 이르기까지 신규 공항과 함께 신규 전시장 건설이 붐을 이루고 있다. 전시장 공급과잉을 우려하는 외국 사람들에게 중국인들은 "새장을 만들어 놓으면 새는 모여들게 마련이다"라고 말한다. 전시장을 세워 놓으면 박람회는 자연히 자주 열리게 마련이라는 이야기이다.

2010년 상해 Expo 개최를 위해 중국 정부는 상해에 각종 첨단 전시장을 집중 건설할 계획으로 있어 향후 아시아 전시산업 시장에서 중국의 독주가 예상된다. 앞으로 중국 지역에서 개최되는 박람회의 비중이 더욱 높아지고 외국 바이어의 방문도 크게 확대될 것이므로 우리나라 업체들의 참가도 급격히 늘어날 것으로 전망된다.

박람회에서의 Networking이 중요해지고 있다

박람회에서의 Networking이란 박람회에 참가하는 참가업체, 바이어, 생산업체, 언론계 및 연구소 등 해당 산업계 관계자들 간에 개인적인 접촉이나 유대관계를 강화시키기 위한 여러 가지 활동을 말한다. 해당 산업계 관계자들이 대거 같은 기간, 같은 장소에서 만날 수 있는 것은 박람회라는 기회가 아니면 쉽지 않을 것이다.

Networking이 잘 이루어지는 박람회가 참가자들 간에 선호되는 것도 바로 이 때문이다. 박람회 주최자들은 참가자들 간의 Networking이 잘 이루어지도록 하기 위해 박람회 기간 중 갖가지 Networking을 행사를 개최하는데 신경을 쓰고 있다.

박람회 주최자들이 Networking 위해 개최하는 행사로서는 세미나, 칵테일, 테마별 조찬모임, 시상식, Tour 등이 있다. 이러한 Networking 기회는 알게 모르게 상담 활동에도 큰 영향을 미친다.

우리나라 업체들도 부스에서의 상담 활동에만 신경 쓰지 말고 이러한 Networking 행사에 적극 참여하여 업계 관계자들과의 교류를 확대하는 한편 상담 활동에도 도움이 되도록 하는 것이 필요하다.

뜨는 박람회와 지는 박람회

산업구조나 시장수요의 변화, 경쟁 박람회의 증가 등으로 갑자기 뜨는 박람회가 생기는가 하면 역사가 오래된 유명 박람회라고 하더라도 점차 쇠퇴해가는 경우를 최근 들어 자주 보게 된다.

과거 유명했던 파리 여성 기성복 박람회(PRET A PORTER)의 경우 하이패션에 대한 수요 감퇴와 상하이, 라스베가스 등지에서 경쟁 박람회의 출현으로 최근 들어 참가업체와 방문객 수가 줄어드는 등 쇠퇴해가는 모습을 보이고 있다.

또 파리 혁제품 박람회(Semain de Cuir)도 과거에는 명성을 날렸으나 혁제품에 대한 수요 감퇴로 이제는 박람회 자체가 없어져버렸고 파리 가방 박람회(Le Salon de la Marquinerie)라는 명칭으로 바꾸어 명맥을 이어가고 있다.

프랑크푸르트 추계 소비재 박람회(Tendence)도 참가업체와 바이어수의 감소로 프랑크푸르트 춘계 소비재 박람회(Ambiente)와 합친다는 얘기가 나오고 있다.

이와는 반대로 파리 여성 기성복 박람회와 같은 기간, 같은 장소에서 Fresh/Fame/Fast라는 주제로 개최되는 캐주얼 의류 박람회인 Who's Next Paris는 개최 10년 만에 인기 박람회로 자리를 잡아가고 있다. Who's Next Paris가 급성장하는 이유는 캐주얼 의류 산업의 발달이나 수요 증가와 무관하지 않다. 파리 여성용 내의 박람회 Salon International de la LINGERIE도 뜨고 있는 박람회이다.

현재도 인기가 있지만 앞으로도 잘 나갈 것으로 기대되는 박람회로서는 Frankfurt Sanitary 및 Heating 박람회(ISH)와 뒤셀도르프 합성수지 및 고무제품 박람회(K)를 예로 들 수 있다.

2년마다 개최되는 프랑크푸르트 ISH는 전시규모 약 25만 S/M, 방문객수 18만 명, 참가업체수가 2,400여 개사나 되며, 3년 주기로 개최되는 뒤셀도르프 K는 전시규모 약 23만 S/M, 방문객수 23만 명, 참가업체 2,900사에 달하는데 이 두 박람회는 전시면적상으로는 25만 S/M 규모의 프랑크푸르트 모터쇼(IAA)와 비슷한 규모로 성장하였으며 주거생활 수준의 향상과 관련산업의 발달

올랜도 운동용품 박람회

로 박람회 규모가 계속 확대될 것으로 예상된다.

최근에는 환경문제가 전세계적인 관심사인데다가 환경관련 산업의 발달로 환경관련 박람회 참가가 크게 늘고 있는 추세이다.

환경관련 박람회로는 뮌헨 환경, 폐수 및 폐기물 처리 박람회(IFAT), 프랑스 리옹 환경 박람회(Pollutec) 등이 규모가 계속 확대되고 있고 참가업체로부터 인기가 높다.

이 밖에 웰빙관련 박람회가 최근 일반 대중의 관심에 힘입어 인기를 모으고 있고 규모도 점점 커지고 있다. 독일의 경우 베를린의 Wellness Plus, 에센의 Gesundheits-Messe/Body & Health Tour 등 박람회가 새로 생겨났고 현재 인기있는 웰빙관련 박람회로서는 Essen의 World Fair for Fitness, Wellness and Leisure (FIBO)를 꼽을 수 있는데 이 박람회에는 건강 보조식품과 각종

Fitness 용품 등이 출품되며 보디빌딩, 건강체조, 요가 등 건강관련 스포츠 Demonstration이 일반인들의 관심을 끈다.

따라서 과거 유명했던 박람회라 하더라도 현재 지고 있는 박람회가 아닌지 참가하기 전에 박람회의 실태를 한번 알아보아야 하며, 최근 들어 뜨기 시작하는 유망 박람회를 잘 발굴하여 참가하도록 하여야 한다.

동아시아 국가들의 외국 유명 박람회 참가가 봇물을 이루고 있다

유럽이나 미국에서 개최되는 유명 박람회에 가보면 최근 들어 중국, 일본, 대만, 한국 그리고 태국에 이르기까지 동아시아 국가들이 대거 참가하는 현상이 주목을 받고 있다.

불과 10여 년 전만하더라도 외국 유명 박람회에서 동아시아 국가에서 참가하는 업체의 모습은 크게 두드러지지 못했다.

최근 프랑크푸르트 추계 소비재 박람회(Tendence)의 경우만 하더라도 한 Hall의 2개 층 모두가 동아시아 국가들로 채워졌고 세계 최대규모의 정보통신 박람회라고 하는 하노버 CeBIT 역시 전체 면적의 10% 가량이 이들 동아시아 국가에서 온 업체들이 자리잡고 있다. 그래서 유럽이나 미국의 유명 박람회가 점차 "아시아인들의 잔치"처럼 되어가고 있다는 불평이 터져 나오고 있다. 경기침체로 유럽업체들의 박람회 참가는 정체 내지 감소되고 이 자리를 동아시아 업체들로 채워지는 현상이 더욱 늘어날 것으로 예상된다. 동아시아 업체들의 참가가 증가하는 만큼 우리나라 업체들과의 경쟁도 심해질 것으로 우려된다.

유명 박람회가 프랜차이즈화하고 있다

유럽이나 미국의 유명 박람회 브랜드를 사용하는 박람회가 국제적으로 증가 추세에 있다. 프랑크푸르트 소비재 박람회인 Ambiente는 Ambiente라는 같은 이름으로 동경, 상해, 모스크바 등에서 개최되고 있고 하노버 CeBIT도 상해, 시드니, 뉴욕 등지에서 열리고 있다. 이것을 박람회의 Cloning(복제화)이라고도 한다. 이렇게 프랜차이즈 형태로 개최되고 있는 유명 박람회는 Electronica, Interstoff, Comdex 등 많다. 이와 같이 프랜차이즈화하고 있는 유명 박람회는 개최되기 시작한 지 몇 년씩밖에 안 되지만 중국 등 신흥시장을 중심으로 앞으로 그 수나 규모가 더욱 늘어날 전망이다.

박람회의 Colocation(합동 개최)이 확대되고 있다

최근 들어 품목이 연관성이 있거나 보완적인 관계에 있는 2개 이상의 박람회들을 한 데로 묶어 같은 기간, 같은 장소에서 함께 개최하는 현상이 크게 늘고 있는데 이것을 박람회의 Colocation이라고 한다. Colocation의 이점은 바이어의 입장에서는 보다 많은 참가업체를 한 장소에서 접할 수 있는 기회가 제공되는 것이고 참가업체의 입장에서는 보다 많은 바이어들을 만나게 되어 상담성과를 올리는데 도움이 되는 것이다.

싱가포르의 유명 정보통신 박람회인 CommunicAsia의 경우 CommunicAisa라는 메인 타이틀 아래 BroadcastAsia, EnterpriseIT 등 2개의 중소형 박람회가 같은 기간, 같은 장소에서 함께 개최되고 있다.

파리 추계 여성 기성복 박람회(PRET A PORTER)는 캐주얼웨어 박람회인 Who's Next Paris, 액세서리 박람회 BIJORHCA, 가방 박람회 Le Salon de la Maroquinerie 등 관련성이 있는 3개의 박람회와 같은 기간, 같은 장소에서 개최되고 있다.

품목 연관성이 없더라도 박람회의 시너지 효과를 높이기 위해 최근 들어 Colocation 하는 박람회가 늘고 있다. 매년 1월 메세 프랑크푸르트에서는 Premiere라는 이름으로 문구 박람회인

Paperworld, 미용 박람회 Beautyworld, 크리스마스용품 박람회 Christmasworld 등 3개의 박람회가 같은 기간에 개최되고 있다.

사이버 박람회와 실물 박람회

1990년대 후반 일부 사람들은 사이버 박람회가 언젠가는 실물 박람회를 대체할 것으로 예상했다. 그래서 사이버 박람회가 보편화되는 시대에서는 사무실에서 인터넷으로 박람회 참가업무를 대부분 처리하는 것이 가능할 것으로 보았다. 만일 그렇게 된다면 박람회 때문에 며칠씩 사무실을 비우지 않아도 되고 비행기를 타거나 호텔에 묵지 않아도 될 것이며 더욱이 전시장에 부스를 설치할 필요도 없어지고 전시장 각 부스를 일일이 찾아 다니는 수고를 할 필요도 없어질 것이다.

그러나 여기서 그들이 간과한 중요한 한가지 사실이 있는데 그것은 "사람들은 사이버상에서가 아니라 사람들과 실제로 만나서 비즈니스하기를 원한다"는 것이다. 다시 말해 사람들은 박람회장에서 상품 실물을 보고 만지고 느껴 보기를 원하며 사람들과 직접 만나서 대화하고 관계성을 맺기를 희망한다. 그래서 박람회는 어떤 면에서 보면 "전시장을 매개로 사업상 우정이 형성되는 장소"라고 말할 수 있을 것이다. 이것이 바로 무역 박람회가 수백 년간의 세월이 흐르도록 계속해서 존속해 왔고 앞으로도 존속할 수 있는 이유인 것이다.

사이버 박람회가 그 기능적 한계로 인해 실물 박람회를 대체할 수는 없지만 앞으로 실물 박람회의 취약점을 보완해 주는 보조수단으로서 고유한 영역을 확보해 나갈 것으로 보인다. 현재 외국 바이어와의 사이버 상담 활동이 크게 늘고 있는 추세이므로 사이버 박람회나 상담회에 관심을 가져보는 것이 바람직하다.

제2부 해외 박람회 참가, 1등 기업으로의 디딤돌

해외 박람회에 하나의 부스를 확보해 참가하기까지는 수 개월에서 많게는 1년이라는 준비기간이 소요되는 것이 보통이다.

해외 박람회 참가는 단시일 내에 한꺼번에 모든 준비가 이루어질 수 없고 단계적으로 준비가 이루어지는 과정 그 자체라고 말할 수 있을 것이다.

그러면 해외 박람회에 참가하여 성공을 거두기 위해서는 단계적으로 어떻게 준비하고 활동해야 하는지 알아보기로 한다.

01 박람회 참가준비, 성공의 첫 단추

박람회 참가준비 단계는 참가할 박람회를 선정하여 부스를 확보하고 참가 세부계획을 마무리하기까지의 기획단계를 말한다. 참가기획을 철저히 해야 박람회 참가 성공의 기초를 다질 수 있다.

박람회에 참가하는 많은 업체들이 박람회가 임박해서야 참가준비 업무를 서두르는 경향이 있다. 심지어는 여권이나 비자 기간이 만료된 줄도 모르고 공항에 나왔다가 제때 출국을 못하는 바람에 박람회에서의 중요한 상담을 망치는 경우도 있다.

박람회 참가는 일반 세일즈 출장과는 달리 여러 가지 사전준비가 필요한 종합 마케팅 활동이기 때문에 사전에 치밀한 참가준비가 뒤따라야 성공을 거둘 수 있다. 박람회 참가준비 단계에서 필요한 핵심적인 사항을 소개한다.

어떤 박람회가 좋은 박람회인가?

아무리 크고 유명한 박람회라고 하더라도 자기회사 제품이 거래가 잘 되지 않는 박람회라면 좋은 박람회라고 말할 수 없을 것이다. 그러나 작고 잘 알려지지 않은 박람회라고 하더라도 자기회사 제품을 취급하는 바이어가 많이 참관하고 또 상담 성과도 좋으면 그 업체에게는 좋은 박람회가 될 것이다. 이와 같이 어떤 박람회가 좋은 박람회냐 하는데 대한 판단기준은 업체마다 조금씩 다를 수 있으며 같은 박람회에 참가하는 회사들에 있어서도 똑같은 박람회를 놓고도 평가하는 시각에 차이가 있다.

좋은 박람회에 대한 판단기준이 다소 주관적인 면이 있긴 하나 일반적으로는 다음의 조건들을 모두 충족시키는 박람회라면 참가할 필요성이 있는 좋은 박람회라고 할 수 있을 것이다.

첫째, 박람회에서 주로 거래되는 품목이 우선 자기회사 제품성격과 맞아야 한다. 아무리 유명한 박람회라고 하더라도 자기회사 제품의 성격과 맞지 않는 박람회라면 자기회사로서는 좋은 박람회가 아니며 참가할 필요성도 없게 된다.

둘째, 자기회사 제품을 취급하는 바이어가 많이 내방할 뿐만 아니라 상담성과도 좋은 박람회이어야 한다. 바이어보다는 일반인들로 넘치는 박람회는 좋은 박람회라고 할 수 없다. 업체들이 박람회에 참가하는 가장 큰 목적은 거래성과를 올리기 위한 것이기 때문에 상담성과가 좋은 박람회 여부를 판단하는데 가장 중요한 요소가 된다.

셋째, 박람회를 통해 자기회사 제품이나 브랜드를 효과적으로 홍보할 수 있어야 한다. 매스컴에서 관심을 갖고 크게 보도해 주고 업계관계자들이 빠짐없이 참석하는 것은 물론 일반인들에게 인기가 많아 참가하기만 하면 홍보효과를 볼 수 있는 박람회가 좋은 박람회이다.

넷째, 자기회사가 취급하는 품목에 대한 거래동향과 시장정보를 적절히 파악할 수 있는 박람회이다. 좋은 박람회에서는 당해 연도의 주요한 거래가 활발하게 이루어지기 때문에 거래동향을 쉽게 파악할 수 있다.

많은 참가업체들과 바이어들이 참가하여 활발한 거래 활동이 이루어지는 유명 박람회가 대체로 이러한 조건들을 충족시키는 좋은 박람회라고 할 수 있다. 그러나 규모가 작은 박람회 중에도 거래가 활발하고 내용이 알찬 좋은 박람회가 의외로 많이 있으므로 이러한 박람회를 찾아내도록 하는 것이 필요하다.

소비재 박람회 중에서 가장 좋은 박람회를 한번 추천해보라고 하면 프랑크푸르트 춘계 소비재 박람회 Ambiente와 파리 소비재 박람회 Maison Et Obejet를 꼽을 수 있다. 이 두 박람회는 위의 조건들을 고루 충족시키는 좋은 박람회로서 장소 확보가 어려울 정도로 인기가 높다.

자동차부품 박람회로서 좋은 박람회는 디트로이트 SAE, 프랑크푸르트 Automechanika와 파리 EQUIP AUTO, 라스베가스 AAPEX를 들 수 있고 식품 박람회로서는 쾰른 ANUGA, 파리 SIAL, 싱가포르 Food & Hotel Asia 등이 손꼽히는 박람회이다.

전자제품 박람회로서는 라스베가스 CES, 베를린 IFA가 있으며 정보통신 박람회로서는 하노버 CeBIT, 싱가포르 CommunicAsia, 뮌헨 SYSTEMS 등이 있다.

미용 박람회로서 좋은 박람회는 볼로냐 미용 박람회 Cosmoprof, 파리 Cosmeeting, 홍콩 CosmoprofAsia 등을, 안경 박람회로서는 파리의 SILMO와 밀라노의 MIDO를 꼽을 수 있다.

유망 박람회를 찾아내는 방법

현재 전세계에서는 매년 15,000여 회의 각종 박람회가 개최되고 있다. 그 중 어느 정도 지명도가 있는 국제 박람회만 하더라도 약 4,000회에 달하며 이외에도 전세계에는 국내에 잘 알려지지 않은 알짜배기 박람회도 많다. 중소 업체들의 경우 자사 수출품목을 취급하는 바이어들이 많이 참석하고 거래도 활발한 유망 박람회를 잘 찾아내는 것이 바로 효율적으로 해외 박람회에 참가하기 위한 첫번째 작업이라고 할 수 있다. 그러면 어떻게 전세계의 수많은 박람회 중에서 유망 박람회를 발굴해 낼 수 있는가?

1. 국제 박람회 디렉토리를 통한 발굴

세계 주요국에서는 국제 박람회 디렉토리가 발간되고 있는데 그 중 세계적으로 대표적인 국제 박람회 디렉토리로서는 미국의 「Tradeshow Week Directory 」, 독일의 「m+a Tradeshow Directory」가 있는데 특히 「m+a Tradeshow Directory」에는 80여 개국 4,000여 개의 주요 국제 박람회 정보가 품목별, 국가별, 기간별로 상세히 수록되어 있어 많은 참고를 할 수 있다.

독일 m+a Tradeshow Directory

2. 박람회 관련 인터넷 사이트를 통한 발굴

박람회 관련 사이트는 전세계에 수십 개가 있는데 그 중 www.tradeshowweek.com과 독일의 www.m-averlag.com 이 가장 내용이 충실하다. 우리나라의 대표적인 전시포탈 사이트로는 www.gep.or.kr이 있는데 전세계에서 개최되는 주요 박람회에 대한 상세한 정보를 파악해 볼 수 있다.

www.Exportal.or.kr
www.tradeshowweek.com

3. 유관 단체, 전문잡지 등을 통한 발굴

품목별 협회단체나 KOTRA 등에 문의하면 유명 박람회에 대해서는 박람회 디렉토리나 인터넷 사이트에 나오는 정보 이외에 상세한 정보를 입수할 수 있다. 또한 외국 전문 품목 유명잡지에는 관련품목 유명 박람회에 관한 소개기사가 개막 전후 게재되므로 이것을 참고할 수도 있다.

박람회 성격 분석이 필요한 이유

참가가 유망한 박람회를 파악하고 나면 그 박람회 성격에 대해 정확히 알아보고 분석해 보아야 한다. 사람도 성격을 알아야 그 사람을 제대로 알 수 있듯이 박람회도 성격을 알아야 그 박람회의 실체를 잘 파악할 수 있다. 박람회 성격을 파악하는 일이 쉬울 것 같지만 생각처럼 쉽지가 않다. 성격이나 내용도 잘 모르는 박람회에 무턱대고 참가할 경우 많은 비용과 시간을 낭비하게 될 수도 있다. 박람회 참가 여부는 사전에 박람회 성격을 철저히 파악하고 난 후에 결정하여야 한다. 박람회에 실제로 가보게 되면 박람회 성격이 생각했던 것과는 딴판인 경우도 생긴다.

프랑크푸르트 추계 소비재 박람회인 Tendence와 거의 비슷한 시기에 개최되는 함부르크 소비재 박람회의 경우 박람회 사이트에 들어가보면 The Great Consumer Exhibition으로 소개되어 있고 박람회 규모도 67,000 S/M나 되어 자료상으로는 Tendence와 비슷한 꽤 괜찮은 박람회같이 보이는데 실제로 가보면 직매 위주의 박람회인 것을 알고 실망하게 된다.

필자는 해외 근무 시 우리나라 업체들이 박람회 성격을 제대로 파악하지 못한 채 참가해서 실패를 본 사례를 수없이 목격해서 사전에 박람회 성격을 잘 파악하는 일이 매우 중요하다고 생각한다.

국내 한 업체는 피혁 제조에 소요되는 각종 자재, 약품 및 장비가 출품되는 외국의 어느 박람회에 피혁으로 만든 완제품을 가지고 참가해서 낭패를 보았는데 이것은 박람회에 출품되는 전시품이 무엇인지 사전에 파악해보지 않았기 때문에 빚어진 잘못이다. 또 국내 어느 업체는 바이어들과 상담을 목적으로 참가했다가 박람회 개막 후에야 그 박람회가 직매 위주의 박람회인 것을 알고 빈 손으로 귀국한 경우도 있었는데 이것은 박람회 성격을 사전에 제대로 알아보지 않았기 때문이다.

박람회 성격을 파악하기 위해서는,

첫째, 박람회 사이트에 들어가서 박람회에 관한 자세한 내용을 파악해 보거나 주최측에 연락하여 박람회 안내 브로슈어와 지난해 박람회 디렉토리 등 자료를 입수하여 철저히 검토해 보아야 한다. 박람회 사이트에 들어가 보면 많은 경우 박람회 성격에 관한 일반사항은 물론 예를 들어 참관객들의 직급별(CEO, Marketing Manager, Technician, Purchasing Manager 등), 성격별(수입상, 도매상, 소매상, 제조업체, 연구기관, Consultant, 공공기관 등), 산업별(Home Show의 경우 부엌용품, 가구류, 욕실용품 등) 분포도와 참관목적, 외국 참관객들에 관한 사항까지도 파악할 수 있다.

박람회 안내 브로슈어에는 주요 출품 분야, 박람회 규모, 임차료 수준, 박람회 성격, 일반인 참관 여부 등 주요한 사항들이 상세히 수록되어 있다. 참가업체 디렉토리를 통해서는 어느 업체들이 참가하는지, 어떤 품목들이 주로 출품되는지를 소상히 파악할 수 있다. 그리고 참가업체 매뉴얼(Exhibitor's Manual)을 통해서는 각종 서비스 이용 비용을 알아볼 수 있다.

둘째, 과거에 이 박람회에 참가했던 동종 업계 사람들로부터 박람회 성격이나 거래 동향 그리고 상담 경험 등에 관한 생생한 정보를 들을 수 있는데 이것도 박람회 분위기나 성격을 파악하는데 상당히 도움이 된다.

세째, 박람회에 부스를 확보해서 본격적으로 참가하기 전에 사전에 한번 방문객으로 해당 박람회를 참관해서 박람회 성격과 분위기를 직접 체험해 본 후에 참가 여부를 결정하는 방법도 매우 좋은 방법이다. 직접 가 본 것과 자료나 소문으로 듣던 것과는 큰 차이가 있을 수 있기 때문이다.

참가할 박람회 이렇게 선정하라

유망 박람회를 발굴하고 박람회 성격까지 파악하고 나면 여러 유명 박람회 중에서 실제로 참가할 박람회를 선정할 단계에 이르게 된다. 그러나 박람회 선정단계에 이르면 정작 어떤 박람회에 참가해야 될 지 막연해질 수도 있다. 또 참가하고 싶은 박람회는 많지만 회사예산과 인력 사정상 제한이 있는 경우도 많다. 참가할 박람회를 효과적으로 선정하기 위해서는 먼저 참가가 필요한 참가대상 박람회 리스트를 만들고 참가 우선순위를 매긴다. 참가 우선순위는 참가 시 기대성과, 박람회 지명도 그리고 참가 소요경비 등을 감안토록 한다. 과거에 참가한 박람회인 경우는 과거 참가실적을 잘 분석해서 우선순위에 반영한다. 아울러 고려해야 할 사항은 특정 박람회에 중점 참가할 것인지 아니면 작은 규모라도 여러 개의 박람회에 참가할 것인지를 검토한다. 그런 후 박람회 참가에 배정할 수 있는 예산과 회사의 차년도 경영계획 등을 반영하여 참가할 박람회를 최종 확정토록 한다. 중소기업의 경우 박람회 참가비용이나 인력 때문에 어려움이 많긴 하지만 괜찮은 박람회라고 판단되면 한번 참가를 시도해 보는 적극적인 자세가 필요하다.

독립 부스 vs 공동관 참가, 유리한 방법은?

해외 박람회에 참가하는 방법은 KOTRA나 업종별 단체 등이 주관하는 공동관에 참가하는 방법도 있지만 업체 개별적으로 독립부스를 마련하는 방법도 있다. 해외 유명 박람회에 가보면 공동관과는 별도로 업체 단독으로 참가하는 기업들이 점점 늘고 있다.

반면에 독립적으로 참가하는 것보다는 공동관 참가를 선호하는 기업들도 많다. 어떤 방법이 더 유리하다고 말할 수는 없고 업체의 사정이나 판단이 더 중요하다. 공동관 참가 시와 독립 부스 참가 시의 장단점이 있는데 이러한 장단점을 잘 비교하여 업체 사정에 적합한 방법을 선택하는 것이 바람직하다.

라스베가스 자동차부품 박람회 (AAPEX) 한국공동관

장점

공동관	참가준비 절차를 공동관 주관기관이 처리해 주므로 무임승차할 수 있다. 박람회 참가경험이 없는 업체에 편리하며 비용면에서도 이점이 있다.
독립부스	자사제품의 이미지나 브랜드를 부각시키는데 도움이 된다. 필요한 만큼의 면적사용이 가능하다.

단점

공동관	획일적인 부스형태 때문에 기업특성에 맞는 장치가 어렵다. 필요한 만큼의 면적사용이 어렵다.
독립부스	소규모 부스인 경우 공동관보다 바이어 유치에 불리할 수 있다. 공동관 참가보다 비용이 많이 소요될 수 있고 부스 설치에 신경써야 할 일들이 있다.

참가신청서 제출 빠를수록 좋다

참가대상 박람회가 선정되고 또 국내 관련기관이나 단체가 주관하는 공동관에 참가할 것인지 또는 독립적으로 참가할지 여부가 결정되고 나면 박람회 주최자나 공동관 참가 주관기관에 참가신청서를 제출한다.

박람회마다 참가신청서 제출 마감일이 다르나 일단 참가하기로 결정했으면 가능한 신속히 신청절차를 밟는 것이 부스 배정 시 유리하다. 국내 관련기관이나 단체가 주관하는 공동관에 참가할

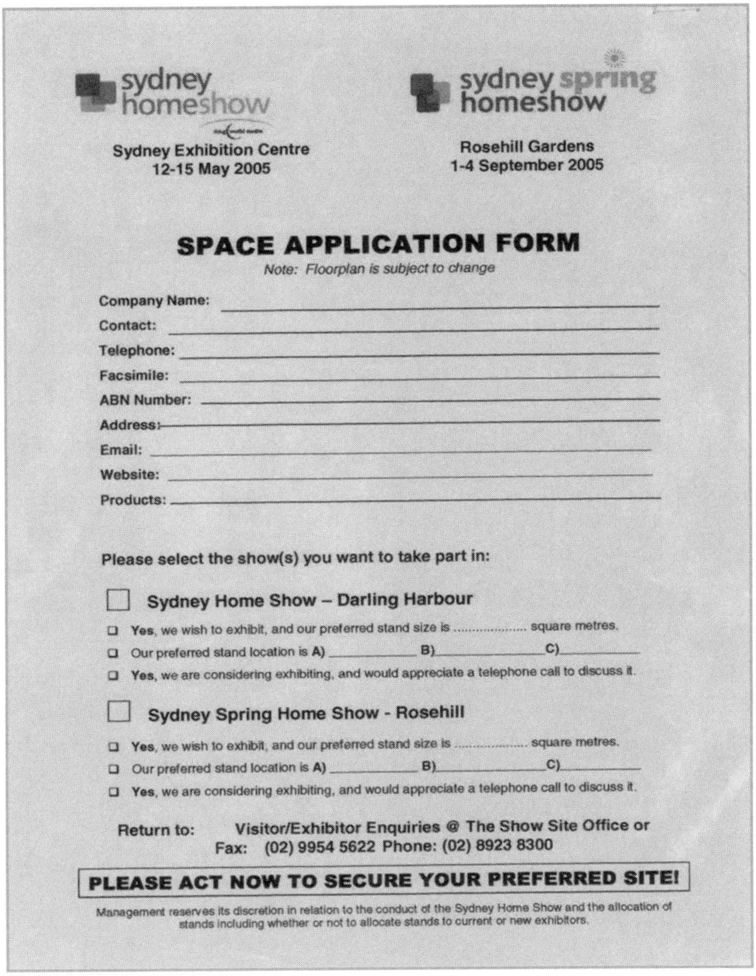

sydney homeshow

Sydney Exhibition Centre
12-15 May 2005

sydney spring homeshow

Rosehill Gardens
1-4 September 2005

SPACE APPLICATION FORM

Note: Floorplan is subject to change

Company Name: ____________________

Contact: ____________________

Telephone: ____________________

Facsimile: ____________________

ABN Number: ____________________

Address: ____________________

Email: ____________________

Website: ____________________

Products: ____________________

Please select the show(s) you want to take part in:

☐ **Sydney Home Show – Darling Harbour**

- ☐ **Yes**, we wish to exhibit, and our preferred stand size is .... square metres.
- ☐ Our preferred stand location is **A)** __________ **B)** __________ **C)** __________
- ☐ **Yes**, we are considering exhibiting, and would appreciate a telephone call to discuss it.

☐ **Sydney Spring Home Show - Rosehill**

- ☐ **Yes**, we wish to exhibit, and our preferred stand size is .... square metres.
- ☐ Our preferred stand location is **A)** __________ **B)** __________ **C)** __________
- ☐ **Yes**, we are considering exhibiting, and would appreciate a telephone call to discuss it.

Return to: **Visitor/Exhibitor Enquiries @ The Show Site Office or**
Fax: (02) 9954 5622 Phone: (02) 8923 8300

PLEASE ACT NOW TO SECURE YOUR PREFERRED SITE!

Management reserves its discretion in relation to the conduct of the Sydney Home Show and the allocation of stands including whether or not to allocate stands to current or new exhibitors.

Sydney Home Show
참가신청서

경우에는 해당 기관이나 단체를 접촉하여 신청기한 내에 참가를 신청한다.

KOTRA 주관사업 또는 산업자원부 예산지원단체 참가사업의 경우는 KOTRA의 전시포탈 사이트인 www.exportal.or.kr에서 모든 박람회 참가 신청작업이 온라인으로 이뤄지고 있다. 여타 기관 및 단체주관 사업인 경우는 해당 주관 기관에 직접 문의하여 신청한다.

한편 업체가 독립적으로 박람회에 참가하는 경우에는 외국 해당 박람회 주최자를 직접 접촉하여 참가신청 절차를 밟는다. 박람회 주최자를 접촉하여 참가신청서 송부를 요청하면 참가신청서 양식을 보내주는데 여기에 기입해서 제출하면 된다. 최근에는 박람회 주최자 사이트에 들어가서 참가신청서 양식을 출력한 후 기입후 제출하거나 온라인으로 모든 참가신청이 이루어지고 있는 추세이다.

현재 국내에는 Messe Frankfurt, Messe Muenchen, 프랑스 국제전시협회 등의 서울 사무소가 활동을 하고 있으므로 이들 지역에서 개최되는 박람회는 여기를 통해 참가를 신청해도 된다.

참가신청서에는 참가신청 업체내역, 부스 신청규모, 전시품 출품내역 등을 기재하도록 되어 있다. 참가신청서 제출 시는 보통 임차료 선수금을 요청하는 경우가 많다. 참가신청 절차가 완료되면 박람회 주최자는 부스배정 절차에 들어가게 된다.

위치가 좋은 부스가 상담도 잘 된다

박람회 참가 성공을 위한 조건 중 하나가 좋은 위치의 부스를 확보하는 것이다. 장사할 때도 목이 좋아야 장사가 잘되는 것처럼 박람회도 마찬가지다. 부스 위치 때문에 계약이 성사되는 것은 아니지만 방문객의 발길이 뜸한 곳에 위치한 부스에서는 활발한 상담을 기대하기 어렵다. 인기가 높은 박람회는 매년 참가업체수가 급증하여 부스 예약이 일찌감치 마감되는 경우가 많으므로 이왕 참가하기로 계획했다면 발 빠르게 참가신청에 들어가 좋은 위치의 부스를 선점하는 것이 좋다.

유럽이나 미국 박람회의 경우 부스 배정은 선착순(First come, First serve) 원칙이다. 먼저 신청하는 사람이 우선권이 있다. 그래서 인기 박람회일수록 참가업체들이 부스 예약을 박람회가 끝나기 무섭게 해놓고 떠난다. 그리고 유명 박람회들은 참가한 역사가 오래된 터줏대감같은 업체들에게 부스 배정 시 우선권이 부여되는데 처음 참가하는 업체의 경우 부스 확보가 쉽지 않고 일단 Waiting List에 올려놓고 기다려야 한다. 기다리다 보면 부스 배정을 받게 되는데 처음에는 아주 불리한 위치의 부스를 배정받게 되고 계속 참가하다 보면 좀더 나은 부스로 점차 업그레이드하게 된다. 좋은 부스를 배정받기 위해서는 평소에 박람회 부스 배정 담당자와 좋은 관계를 유지하는 것도 중요하다.

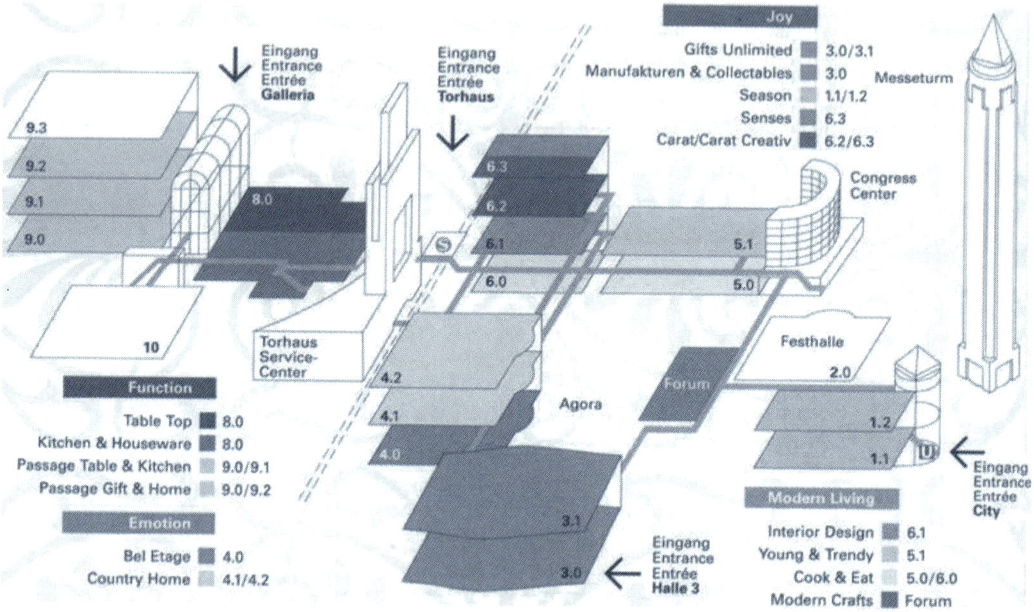

프랑크푸르트 추계 소비재 박람회(Tendence) Hall 배치도

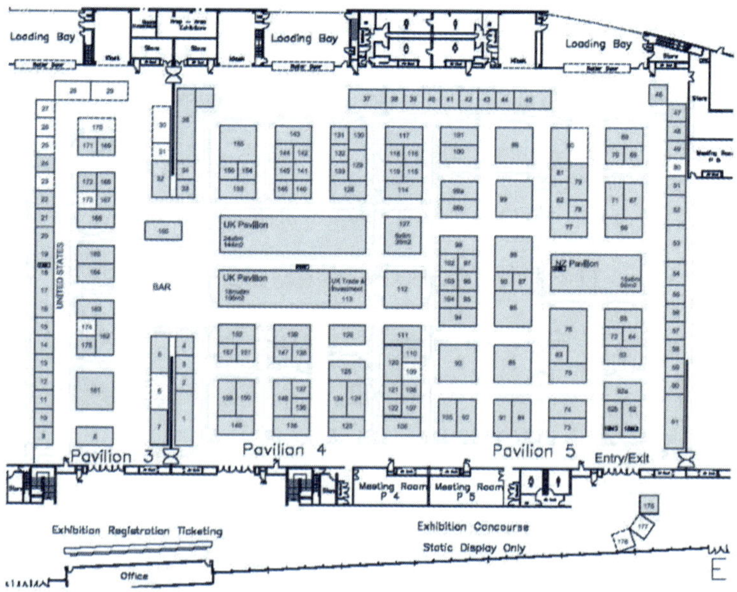

Oil & Gas Exhibition Floor Plan

그러면 좋은 위치의 부스는 어디일까?

일반적으로 대부분의 참가업체들은 가장 유리한 부스 위치로 전시장 입구 주변이나 중앙을 꼽는다. 그러나 어떤 위치의 부스가 좋은 것이냐 하는 것은 박람회장의 Layout이나 성격 등에 따라 달라질 수 있다. 부스 위치 결정 시 다음 사항을 고려하도록 한다.

1__내방객들이 주로 이용하는 동선 주변에 위치하는 것이 좋다. 이런 면에서 입구나 중앙 그리고 주통로 양쪽 등은 동선이 시작 또는 집결되는 곳이기 때문에 매우 유리한 위치이다.

2__최근 들어 많은 박람회가 품목 또는 전문 분야별로 Hall이 나눠지는 경우가 많기 때문에 이런 박람회에는 반드시 해당 Hall에 부스를 임차해야 한다.

3__가능한 관련 업계를 리드하는 업체들의 부스가 많이 위치한 곳 주변이 유리한데 이는 방문객들의 방문이 잦은 곳이기 때문이다.

4__경쟁업체들에 비해 경쟁력이 있다면 경쟁업체들의 부스가 밀집한 곳이 유리하다. 방문객들로 하여금 자연스럽게 비교우위를 판단해보도록 할 수 있기 때문이다.

5__Hall 전체의 뒷부분이나 막다른 위치는 방문객의 왕래가 많지 않기 때문에 불리한 장소이다.

6__기둥이 많은 부스는 전시공간이 그만큼 줄어들고 장치물 설치에도 어려움이 있기 때문에 피하도록 한다.

7__박람회 주최측을 접촉하면 전시장 임차현황에 대한 Floor Plan을 받아볼 수 있는데 현재까지 임차된 부스와 임차되지 않은 부스의 상황을 참고로 해서 부스 위치를 선정할 수 있다. 그래도 부스 위치가 좋은지 나쁜지 확신이 서지 않는 경우에는 주최측 담당자와 잘 상의해 보는 것도 좋은 방법이다. 왜냐하면 주최측 담당자는 누구보다도 좋은 위치의 부스가 어떤 것인지 잘 알고 있기 때문이다.

부스의 규모 / 형태 결정

부스 규모는 예산사정이나 기대성과, 전시품의 내용, 참가목적, 임차가능 면적, 예상방문객 수, 상담직원 수 등을 고려하여 결정한다. 그러나 이 중에서 예산이 가장 중요한 비중을 차지한다. 회사의 브랜드 이미지 또는 제품 홍보 차원이라면 부스를 조금 크게 잡아 내방객들에게 강한 이미지를 주는 것이 좋고 전시품이 기계류나 중량품인 경우 전시품 크기나 작동을 위해 소요되는 면적을 감안하여야 한다.

그러나 바이어들과의 상담만을 목적으로 한다면 필요한 만큼의 면적을 사용하는 것이 바람직하다. 개별적으로 참가하는 중소 기업들은 대체로 한 개 또는 두세 개 정도의 기본 부스를 사용한다.

박람회에서 보통 이용되는 부스 형태는 아래의 4가지가 있다. 어떤 형태의 부스가 참가업체에게 유리하냐 하는 것은 부스 위치에 따라 달라질 수 있다. 통로에 접한 면이 많은 4면 오픈 부스나 3면 또는 2면 오픈 부스가 대체로 1면 오픈 부스보다 방문객 유치에 유리하다고 할 수 있지만 부스 위치가 나쁠 경우에는 1면 오픈부스보다 못할 수 있으므로 부스 위치를 감안하여 부스 형태를 선택하는 것이 바람직하다.

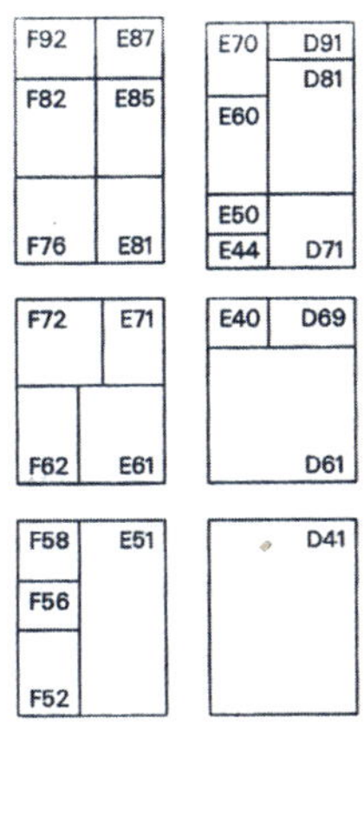

4면 오픈부스_부스 4면이 통로에 접해 있으며 보통 큰 면적의 부스에 배정된다. Island Booth라고 불린다.

3면 오픈부스_부스 3면이 통로에 접해 있으며 End Booth 또는 Peninsula Booth라고도 한다.

2면 오픈부스_코너에 위치한 부스로 Corner Booth라고 불린다.

1면 오픈부스_부스 1면만 통로에 접해 있는 부스이며 기본 부스들은 대부분 이러한 형태이다. Row Booth라고 불린다.

참가 세부계획 / 소요 예산내역서 이렇게 세운다

해외 박람회 참가는 기업으로서는 해외시장 개척을 위한 매우 중요한 사업이며 하나의 박람회 참가에 드는 경비만도 적게는 천여만 원에서 많게는 수억 원씩 소요된다. 이렇게 중요하고 참가에 많은 경비가 소요되는 박람회에 보다 효과적으로 참가하기 위해서는 참가세부 계획서와 예산내역서를 작성하여 치밀한 계획하에 준비해 나가는 것이 바람직하다. 계획서를 만들지 않고 그냥 박람회 참가준비를 하는 기업들도 적지 않으나 사전에 계획서를 잘 만들어 준비하는 것과는 큰 차이가 있다.

참가세부 계획서와 예산내역은 박람회가 개최되는 현지 실정을 사전에 충분히 조사하여 실천 가능한 내용이 되도록 하여야 한다.

박람회 참가 세부시행계획서 주요 내용

박람회 개요	개최기간, 장소, 개최규모, 주요 전시품목, 주최, 박람회 성격 등
참가계획 개요	참가 기본방향, 부스 규모, 부스 위치, 주요 출품품목, 참가연혁 등
소요예산 개요	여비, 임차료, 장치비, 지급수수료, 운반보관료, 광고선전비, 활동비, 운영비 등
사전준비 및 부스 운영계획	전시품 출품계획, 부스 파견요원 구성, 바이어 유치 및 사전 마케팅 계획, 홍보물 제작, 홍보활동 계획, 부스 서비스 신청, 직원 출장 계획 및 숙소 예약, 부스 장치, 전시품 운송 및 통관, 도우미 채용

다음에 나오는 계획서와 소요예산 내역서 샘플은 독립적으로 참가하는 업체들을 위한 내용들이므로 공동관에 참가하는 업체들은 필요한 항목에 대해서만 참고로 하기 바란다.

비목	산출내역	소요예산
국외여비	직원출장 여비	
임차료	전시장 임차료 차량 및 비품 임차료	
지급수수료	통역원 안내원 경비원	
운반보관료	발송비 현지운송 및 통관비	
광고선전비	회사 카탈로그 제작비 Official Catalogue 게재료 전문잡지 광고료 판촉물 구입 또는 제작	
장치비	부스 장치비 국내 장치지원물 제작비	
운영비	통신비 소모품비 부스 서비스 신청비용 (전기, 전화, 인터넷, 청소, 경비, 수도, 가스, 압축공기 등)	
해외 활동비	고객접대비 리셉션, 세미나 개최비	

소요예산 내역서

박람회 참가준비,
경험보다
시스템에 의존해야

많은 업체들이 해외 박람회에 한 두 번 이상씩 참가한 경험이 있음에도 박람회 참가준비에 들어가게 되면 대부분 과거의 참가경험이나 기억에 의존하고 있는 것을 보게 된다. 참가경험이 많은 업체들의 경우에도 그간 박람회에 참가한 많은 경험이 기록화되거나 체계화되어 있지 못하다.

매년 참가하게 되는 박람회가 일회성 행사로 끝나지 않게 하기 위해서는 모든 참가준비 업무를 프로세스화시켜야 한다. 박람회 참가준비 업무의 프로세스화란 박람회 참가업무를 참가준비 업무 매뉴얼과 추진일정표에 따라 시스템적으로 추진하는 것이다.

참가업체 매뉴얼(Exhibition Manual)과 참가준비 업무 매뉴얼과 혼동하지 않기를 바란다. 참가업체 매뉴얼은 박람회 참가 시 참가업체들이 이용할 수 있는 각종 서비스 내용과 박람회규정에 관한 것이고 박람회 참가준비 업무 매뉴얼은 어느 특정 업체가 과거의 경험 등을 기초로 박람회 참가준비에 참고가 되는 내용들을 체계적으로 기록한 회사 자체의 박람회 참가준비 업무 매뉴얼이다.

참가준비 업무 매뉴얼은 어떤 특별한 형식이 있는 것은 아니고 과거 참가경험에 기초해 회사 특성에 맞게 작성하고 매년 수정

박람회명 : **개최기간 :**

추진업무		추진예정시기		실제시행일
		D-Day	일자	
기본계획	참가대상 박람회 선정	240 일	2006.1.15	2006.1.20
	참가신청서 제출			
	부스 확보			
	참가세부계획 및 예산수립			
사전마케팅	바이어 유치활동 개시			
활동	홍보활동 개시			
	상담계획 작성			
서비스신청	전기			
	전화			
	인터넷			
	청소 등			
전시품출품	출품계획 수립			
	전시품제작 완료			
	전시품 발송			
	현지통관			
전시장치	장치계획 수립			
	장치업체 선정			
	국내장치 지원물 제작			
	전시장치 시공			
개관준비 및 부스운영	부스 상담 요원 선발 및 교육			
	호텔 및 항공편 예약			
	부스 상담 요원 현지 도착			
	전시품 진열			
	개관			
사후관리	전시품 사후처리			
	성과분석 및 보고서 작성			

박람회 참가 추진일정표

보완해 나간다면 참가업무를 보다 효과적으로 처리할 수 있을 것이고 담당 직원이 바뀌더라도 시행착오 없이 추진해 나갈 수 있게 될 것이다.

그리고 박람회 참가준비 업무는 그때그때마다 타임 스케줄에 따라 추진되는 만큼 일자별로 처리할 업무에 대해 업무추진 일정표를 만들어 사용하는 것이 효과적이다. 박람회 참가 추진일정표 샘플을 참고로 하여 업체 특성에 맞게 일정표를 만들어 활용하면 박람회 참가를 차질 없이 준비해 나갈 수 있을 것으로 생각한다.

참가목표를 세워야 목표달성이 가능하다

박람회 참가 세부계획 수립과 함께 박람회 참가를 통해 달성하고자 하는 목표를 정하도록 한다.

이렇다 할 목표 없이 박람회에 막연히 참가하는 것은 "어떻게 열심히 하다보면 나중에 잘 되겠지"라고 생각하는 것과 같다. "이번에 이 박람회에 참가해서 오더를 많이 따야 할 텐데…"라는 정도로 생각하고 별다른 생각 없이 박람회에 참가하고 있는 업체들이 의외로 많은 것을 보게 된다.

구체적인 목표를 정하고 박람회에 참가하면 그 목표에 노력을 집중시켜 더 많은 성과를 거둘 수 있다. 참가목표를 구체적으로 세우고 추진할 때와 그렇지 않을 때와는 결과에 큰 차이가 있다. 최근 미국 전시산업 연구센터(CEIR) 조사결과도 구체적인 목표를 세우고 박람회에 참가하는 기업들이 별다른 목표 없이 박람회에 참가하는 기업들보다 더 많은 성과를 내고 있는 것으로 나타나고 있다.

박람회 참가목표는 달성 가능한 현실적인 목표이어야 하며 또 구체적이어야 한다. 예를 들어 목표를 막연히 '신규 거래선 발굴'이라고 하지 말고 신규로 거래하고 싶은 거래선 명단을 구체적으로 뽑아보고 그들을 신규 거래선으로 확보하는 것을 목표로 정하는 것이 보다 효과적이다. 그렇게 목표로 정하게 되면 사전 준비 단계에서부터 그러한 방향으로 노력이 집중되게 된다.

그리고 생각지도 않은 새로운 거래선을 박람회에서 만나게 되면 그것은 하나의 '덤'이 될 것이다. 목표가 많은 경우는 한꺼번에 다 달성하기가 어려우므로 우선순위를 정해 노력의 정도를 조절할 수도 있고 목표를 몇 가지로 한정해 거기에만 집중해 볼 수도 있다.

박람회에 참가하는 기업들은 다음에 예시된 박람회 목표를 참고로 하여 참가기획 단계에서부터 목표를 한번 구체적으로 세워 보는 것이 필요하다. 또한 구체적인 목표를 설정했으면 그 목표를 실현시킬 수 있도록 철저한 노력을 기울여야 할 것이다.

■ 박람회 참가 시 이런 목표를 세워본다

· 신규 거래선 발굴
· 기존 거래선과의 거래 확대 / 관계 강화
· 현장에서의 오더 수주
· 신제품 소개 / 고객 반응조사
· 신규 에이젠트 발굴
· 브랜드 이미지 제고
· 최근 시장동향 파악
· 신제품 개발동향 / 신규 디자인 트랜드 파악
· 경쟁사 제품정보 입수
· 업계 관계자들과의 Networking
· 박람회 부대행사(세미나 등) 참가

정부의 예산지원제도를 적극 활용하라

해외 박람회에 참가하는 국내업체들에 대해 정부에서는 매년 많은 예산을 배정하여 지원해 주고 있는데 이제는 선진국에 비해 지원제도나 금액이 뒤지지 않고 있다.

KOTRA의 전시 포탈사이트(www.Exportal.or.kr)에 들어가 보면 지자체나 각 기관별 예산지원 사항에 대해 종합적으로 파악할 수 있고 각 지자체나 기관 사이트에 직접 들어가서도 자세한 사항을 알아볼 수 있다.

산자부, 정보통신부, 농림수산부, 환경부, 보건복지부, 중소기업청 등 중앙부처와 각 지자체, KOTRA, 전시산업진흥회 등 유관기관에서는 매년 상당한 금액의 예산을 확보하여 해외 박람회에 참가하는 국내 업체들에 대해 예산을 지원하고 있는데 2005년도의 경우 KOTRA 주관으로 공동참가한 해외 박람회는 65회이고 산자부가 KOTRA를 통해 유관단체에게 공동 참가예산을 지원한 해외 박람회는 116회이며 이 밖에 단독참가한 450여 개사에

게 개별적으로 예산이 지원되고 있다. 또 농림수산부나 정보통신부 등의 경우도 농수산물유통공사나 한국정보통신산업협회 등을 통해 공동관 참가비용과 업체 개별 참가비용을 지원하고 있다.

공동관 참가 시에는 지원기관별로 예산지원액에 차이가 있으나 대체로 임차료, 장치비 등 직접경비의 50%가 지원되고 있다. 업체 개별참가 시에도 보통 1천만 원 한도 내에서 기본 부스 비용의 100%가 지원되는 것이 보통이나 이보다 많이 지원해 주는 기관들도 있다.

최근에는 업체개별 참가비용에 대해 관련기관의 지원이 늘고 있는 추세이다.

박람회 담당자가 꼭 알아야 할 10가지

박람회 참가준비 단계에서 해야 할 중요한 일 중 하나는 전시 담당자를 지정하여 처음부터 박람회 업무를 준비하게 하는 일이다.

박람회는 정해진 Deadline 이나 어느 기간까지 처리해야 할 일들이 대부분이므로 이를 놓치지 않고 잘 처리하기 위해서는 사전 기획 단계부터 사후관리까지 전시 담당자에 의한 일관된 준비가 있어야 한다.

매년 많은 수의 박람회에 참가하는 기업이라면 전담팀를 구성해서 보다 조직적으로 참가준비를 하는 것이 필요하다.

또 박람회 참가업무는 업무처리 경험이 중요하므로 담당자가 수시로 바뀌는 것은 바람직하지 못하다. 박람회 참가준비 과정에서 담당자가 자주 바뀔 경우 업무추진에 차질을 빚을 수도 있다.

전시 담당자는 기업의 박람회 참가를 성공적으로 이끌기 위해 박람회에 관한 전반적인 추진업무를 책임 맡은 사람이다. 기업의 전시 담당자가 꼭 알아두어야 할 10가지 사항을 소개한다.

1__참가대상 박람회를 발굴하고 필요한 부스를 확보한다.
참가할 박람회 선정은 최종적으로 회사 경영층에서 결정할 사항이겠으나 전시 담당자는 박람회 선정 전까지 필요한 모든 사항을 준비하고 참가 박람회가 선정되면 즉시 필요한 부스를 확보토록 해야 한다.

2__박람회 참가 세부계획과 예산을 수립한다.
박람회 성격이나 현지 시장특성 등을 감안하여 참가 세부계획서와 소요예산 내역서를 작성하며 참가목표를 설정한다.

3__박람회 참가업무 추진일정표를 만들어 예정된 일정대로 준비업무가 추진되도록 한다. 아울러 박람회 참가 경험 시의 일들을

잘 기록하여 자사의 박람회 참가 매뉴얼을 유지 관리한다.

4__참가업체 매뉴얼(Exhibitor's Manual)을 잘 숙지하여 필요한 조치를 취한다.

박람회 주최자가 배포하는 참가업체 매뉴얼을 잘 숙지하는 것은 전시 담당자의 가장 중요한 업무 중 하나이다. 전시 담당자는 참가업체 매뉴얼상의 주요한 규정내용이나 각종 서비스 신청방법 등을 꿰고 있어야 한다.

5__단독 참가 시는 박람회 주최자와 그리고 공동관 참가 시는 공동관 참가 주관 국내기관과 수시로 접촉하여 필요한 업무협조를 관계를 유지한다.

6__세일즈나 홍보파트 등 자사 관련부서와 수시로 접촉하여 부서간의 참가추진 업무 협조가 원활히 이루어지도록 한다.

7__바이어 유치, 부스장치, 전시품 운송 등 주요 참가준비 업무를 차질 없이 추진한다.

8__박람회 기간 중 부스를 관리 운영하고 상담활동을 직접 수행하거나 지원한다.

9__박람회 기간 중 시장동향과 경쟁업체에 대한 정보를 수집하고 세미나 등 각종 부대행사에 참가한다.

10__박람회가 종료되면 사후관리와 함께 성과분석을 실시하고 차년도 참가에 대비한다.

02

사전(Pre-show) 마케팅 활동, '뿌린대로 거둔다'

아무리 유명한 박람회에 참가하더라도 사전 노력 없이는 성공적인 상담결과는 보장되지 않는다. 박람회에서는 수 백, 수천 개의 업체가 함께 참가하기 때문에 이들 참가업체들과 바이어 유치를 놓고 또다른 경쟁이 시작된다.

박람회 참가 이전에 행하는 사전(Pre-show) 마케팅 활동은 성공적으로 박람회에 참가하기 위한 필수조건이라고 할 수 있다.

그러면 어떻게 사전 마케팅 활동을 해야 하는지 구체적인 내용을 살펴보기로 한다.

바이어 유치 누가 해 주는 것이 아니다

박람회 참가 경력이 많지 않은 업체들 중에는 유명 박람회에 참가하기만 하면 바이어는 박람회 주최자가 다 모아주기 때문에 바이어 유치 문제는 별도로 신경 쓸 필요가 없다고 생각하는 사람들이 있다.

물론 바이어들을 박람회에 유치하는 것은 박람회 주최자의 몫이지만 박람회에 온 바이어들을 자기 부스로 유치하는 것은 참가업체 스스로가 알아서 해야 할 문제이다.

똑같이 박람회에 참가하는데 어떤 부스는 바이어들로 넘치고 어떤 부스는 한산한 것은 무엇 때문일까?

물론 이것은 여러 가지 이유가 있겠으나 박람회 개최 전에 바이어 유치를 위해 참가업체가 얼마나 적극적으로 사전 마케팅 활동을 전개했느냐에 좌우된다고 생각된다.

박람회에 부스를 설치하고 전시품을 진열하고 나면 모든 참가 준비 업무가 끝나고 박람회 개막과 함께 바이어들이 스스로 자기 부스로 찾아 드는 것은 아니다.

박람회 규모가 큰 유명 박람회일수록 주어진 시간 내에 방문객이 가볼 수 있는 부스 수는 한정되어 있다. 불과 2~3일간의 기간 중 박람회에서 보아야 할 것이 워낙 많고 부스 수도 몇 천 개씩이나 되기 때문에 일일이 다 방문해 볼 수 없기 때문이다.

그래서 대부분의 참가업체들은 자기 부스로 보다 많은 바이어를 유치하기 위해 사전 마케팅 활동에 많은 노력을 기울인다.

해외에서 공동관을 운영하다 보면 사전에 바이어 유치에 공을 많이 들인 업체와 그렇지 않은 업체와는 확연한 차이가 있는 것을 발견하게 된다. 사전에 바이어 유치를 위해 많은 신경을 쓴 업체 부스는 바이어들로 붐벼 상담직원이 식사하러 갈 시간도 별로 없을 정도인 반면 준비를 별로 하지 않고 온 업체 부스는 바이어가 들어와 줄 때를 초조히 기다리고 있는 모습을 볼 수 있다. 과거와는 달리 요즘 박람회에 참가하는 업체들은 대부분 자기부스로 보다 많은 바이어 유치를 위해 사전에 많은 준비를 하고 온다.

유치대상 바이어 명단 이렇게 만든다

자기 부스로 바이어를 유치할 수 있는 가장 확실한 방법은 개별적으로 바이어를 접촉하여 그들로 하여금 자기 부스를 방문토록 권유하는 방법이다.

많은 업체들이 이러한 방법을 주로 이용하고 있다.

개별적으로 바이어 유치 활동을 전개하기 위해서는 먼저 유치대상 바이어 명단을 확보해야 한다.

바이어 명단은 자기 회사가 보유하고 있는 기존 거래 바이어들은 물론이고 KOTRA 현지 무역관, 인터넷 검색, 관련 협회, 현지 상공회의소 등을 통해 입수할 수 있는데 유료인 경우가 많다. 후진국에서 개최되는 박람회의 경우 지난 해에 박람회를 참관했던 바이어 명단을 입수할 수 있는 곳도 있다.

그런데 무엇보다도 중요한 점은 박람회를 방문할 가능성이 많은 유망 바이어 위주로 유치대상 바이어 명단이 작성되어야 한다는 것이다. 방문할 가능성이 없는 바이어는 유치 노력을 기울일 필요가 없다.

여러 채널로 입수된 바이어 명단이 취합되면 취급 품목과 박람회 방문 가능성을 다시 한번 확인하여 유치대상 바이어 명단을 작성한다. 박람회 참가 경험이 많은 업체들의 경우는 과거 자기 부스를 방문했던 바이어 명단에 새로운 바이어 명단만 추가하면 될 것이다.

개별 초청장 발송 / Telemarketing하는 요령

유치대상 바이어에 대해서는 사장 또는 담당부서 책임자 명의로 초청장을 발송한다.

초청장은 Direct Mail, Fax, 인

터넷이 주로 이용되는데 최근에는 인터넷을 많이 이용하는 추세이다. 초청장의 장점은 큰 비용을 들이지 않고 많은 바이어들에게 자사의 박람회 참가 사실을 알릴 수 있다는 점이다.

초청장의 내용은 자기 회사 소개, 바이어가 해당 박람회를 방문하는지 여부 문의, 박람회 방문 시 자사 부스 방문 요청, 출품 전시품 소개 및 거래 희망 의사 표현 등의 내용을 담도록 한다.

초청장은 보통 개막 2~3개월 전쯤에 일괄 발송하고 반응이 없는 바이어에 대해서는 초청장 발송 후 2~3 주쯤 지나 회신을 요청하는 서신을 다시 한번 발송한다. 초청장을 보내더라도 회신이 들어 오는 비율은 대개의 경우 높지 않으므로 크게 실망할 필요는 없다.

회신한 바이어에 대해서는 바이어의 관심 사항, 취급 품목, 성격, 중요도 등을 파악해보고 괜찮은 바이어라고 생각되면 출품품목에 대한 상담 자료(가격표 및 스펙 등)를 송부해 주면서 부스에서의 상담 약속을 요청한다.

Telemarketing은 바이어들의 박람회 참가 여부와 상담 가능성을 박람회 개막 전에 직접 확인할 수 있는 가장 확실한 방법이다.

또한 전화로 개인적인 관심과 친밀성을 표시하여 사전 상담약속을 유도할 수 있는 방법이기도 하다.

유치하고 싶은 유망 바이어가 있거나 서신으로 접촉이 용이하지 않을 경우 직접 전화로 접촉하는 것이 좋다. 원거리에 있는 바이어라고 하더라도 Telemarketing을 해 보면 노력한 만큼 구체적인 결과를 감지할 수 있다.

특히 해외에서 단독 전시회를 개최하는 경우 사전에 실시하는 Telemarketing 은 바이어 유치를 위한 가장 효과적인 방법이라고 할 수 있다.

상담계획 수립
이래서 필요하다

서신이나 Telemarketing 등에 의해 부스 방문의사를 표시한 바이어에 대해 상담계획을 수립한다.

상담계획은 부스에서 바이어들과의 상담 스케줄과 각각의 바이어와 어떻게 상담할 것인지에 관한 세부계획을 말한다.

상담 스케줄은 바이어의 일정을 감안하여 작성하되 중요한 바이어에 대해서는 우선적으로 상담 일정에 반영토록 하고 아주 중요한 바이어에 대해서는 저녁식사 약속까지 미리 해 놓는 것이 좋다.

박람회 기간 중에는 바이어의 방문이 집중되는 때가 많으므로 사전에 상담 스케줄을 작성하는 것은 필수적이다. 박람회장에서 바이어를 뒤늦게 수소문해서 만나려고 하면 그 바이어는 이미 다른 상담 스케줄 때문에 만나지 못하는 경우가 많다.

바이어의 부스 방문 일정이 확정되면 바이어의 관심사항이나 요구사항 등을 미리 확인해서 바이어 각각에 대한 상담계획을 세운다.

상담할 바이어의 관심 사항을 미리 파악해서 그에 맞게 철저히 준비해가면 부스에서는 상담이 신속히 진행되게 되며 바이어들도 그런 것을 원한다.

박람회장에서는 제품을 구체적으로 확인하고 상담을 마무리한다는 자세로 사전에 준비해야 구체적인 성과를 볼 수 있다. 아무런 사전 상담준비 없이 박람회장에서 바이어와의 최초 상담이 시작되어서는 안 된다.

홍보 활동
이런 것들을 활용한다

대기업의 경우 박람회 참가 시 TV나 일간지 등 매스컴에 많은 예산을 투입하여 홍보 활동을 알 수 있겠지만 중소기업의 경우 예산 문제 등으로 홍보 활동 범위가 제한되어 있다. 그러나 박람회의 성격이나 현지 여건을 잘 검토해 보면 최소한의 비용으로 좋은 홍보효과를 거둘 수 있는 홍보방법들이 꽤 있다.

■ 박람회 디렉토리에 누락되어서는 안 된다

거의 대부분의 박람회는 Official Catalogue 또는 Show Directory 라고 불리우는 박람회 디렉토리를 발간한다.

여기에는 박람회 참가업체 명단이 알파벳 순과 품목별로 분류되어 있다.

박람회 디렉토리는 박람회를 방문하는 방문객이 참가업체 부스를 찾아가기 위해서는 없어서는 안 될 그야말로 참가업체들의 바이블과 같은 것이므로 여기에 누락되어서는 안 된다.

시드니 CeBIT 디렉토리

따라서 박람회 디렉토리에 등재되도록 하는 것이 무엇보다 중요하다. 유럽 지역에서 개최되는 유명 박람회의 경우는 등재료가 보통 300~400 유로로 비싼 편이며 온라인 디렉토리 등재 비용을 따로 받는 곳도 있다.

개도국 박람회의 경우는 박람회 디렉토리 등재 비용이 무료인 경우가 많다.

■ 박람회 디렉토리 광고 게재

유럽이나 미국 지역 박람회의 경우 디렉토리 광고비용이 과다해 광고 게재가 쉽지 않지만 개도국의 경우 비교적 저렴하므로 광고게재를 고려해 보는 것이 바람직하다.

광고계획과 예산이 준비되어 있다면 박람회 디렉토리에 광고하는 방법이 가장 효과적이라 할 수 있다.

■ 해당 품목 전문잡지 광고 게재

미국이나 유럽의 경우 품목별로 여러 종류의 전문잡지가 발간되고 있다. 유명 박람회의 경우는 박람회를 특집으로 다루는 경우가 있으므로 해당 박람회 특집을 게재하는 전문잡지에 광고를 게재하는 것도 좋은 방법이다.

■ 전시장 및 옥외 광고

박람회에 따라서는 전시장 또는 옥외 공공장소에 광고할 수 있는 공간을 마련하여 참가업체들이 광고물을 설치할 수 있도록 하고 있다.

프랑크푸르트 소비재 박람회에서의 옥외 광고

독일의 경우는 박람회장 내를 운행하는 셔틀버스나 전시장 근처 지하철역 내부, 에스컬레이터 근처 등에 광고물을 설치할 수 있게 하고 있는데 최근에는 홍콩이나 대만, 태국 등의 공동관 참가 주관기관이 많이 이용하고 있는 것을 볼 수 있다.

그러나 광고물 설치에는 많은 비용이 소요되어 개별적으로 참가하는 중소기업의 경우는 많이 이용하지 않는다.

■ 세미나 참가

유명 박람회일수록 특정 기술 분야에 관한 세미나가 잇달아 개최되고 많은 사람들이 참석한다. 이런 세미나에 소개할 만한 새로운 기술이나 제품이 있는 경우 세미나 개최일정을 사전에 잘 파악하여 세미나 연사로 참가하는 것도 좋은 방법이라고 할 수 있다. 세미나 준비가 좀 번거롭긴 하지만 아무 비용 부담 없이 세미나에 참석한 인사들에게 자기 회사를 효과적으로 알릴 수 있다.

03 부스 운영, 무엇을 어떻게 해야 하나

참가업체 매뉴얼 어려울 것이 하나도 없다

박람회 Official Directory가 박람회 방문자에게 바이블이라면 참가업체 매뉴얼(Exhibitor's Manual)은 참가업체들의 바이블이라고 할 수 있다.

박람회에 따라서는 Exhibitor's Manual을 Exhibition Manual, Set-up Manual 또는 Exhibitor's Service Order Form이라고 불리기도 한다.

뉴렌버그 완구 박람회 참가업체 매뉴얼

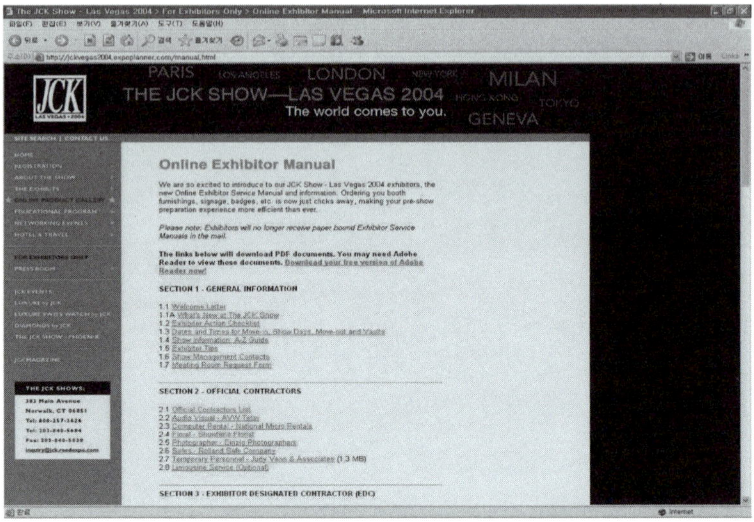

라스베가스 JCK박람회
On-line 매뉴얼

공동관에 참가하는 업체들의 경우는 공동관 주관기관이 참가에 따른 모든 준비를 알아서 처리해 주므로 주관기관이 요청하는 사항에 대해서만 간단히 준비하면 된다.

독자적으로 부스를 설치하고 운영하는 단독참가 업체들은 사전에 참가업체 매뉴얼을 잘 숙지하고 필요한 사항에 대해서는 사전에 준비를 해야 한다.

참가업체 매뉴얼에는 업체들의 박람회 참가와 부스운영에 필요한 규정과 제반 서비스 종류 및 신청서 양식, 신청기한, 신청요령 등이 상세히 기재되어 있다. 박람회 주최자가 제공하는 서비스 종류는 장치, 가구, 조명, 전기, 전화, 수도, 압축공기, 경비, 주차장, 입장권, 인터넷에 이르기까지 다양하며 이러한 서비스 중에서 참가업체들이 필요한 사항을 이용하도록 하고 있다. 최근에는 온라인으로 참가업체 매뉴얼을 이용토록 하는 박람회도 많다. 유명한 박람회일수록 참가업체 매뉴얼이 두꺼워 자세히 들여다보면 머리가 아플 지경이다.

그러나 자기회사에 해당되거나 관심있는 부분만 잘 읽어보고 신청하면 되므로 어려울 것이 하나도 없다. 참가업체 매뉴얼은 보통 6개월 전에 모든 참가업체들에게 보내진다. 서비스마다 신청 Deadline이 다르므로 기한 내에 신청이 이루어져야 한다. 우리나라 업체들의 경우 참가업체 매뉴얼을 잘 보지 않고 박람회 직전 혹은 현지에 도착한 후 뒤늦게 신청하여 혼선을 겪는 경우도 있다. 서비스 신청이 기한 내 이루어지지 않으면 박람회 개막 시 부스 Set-up에 차질을 빚을 수 있을 뿐만 아니라 20~30% 정도의 Surcharge를 내야 하는 경우도 많으므로 유의해야 한다.

국내의 LCD TV생산업체 하나가 최근 호주의 어느 전자제품 박람회에 참가했는데 사전에 TV수신 안테나 서비스를 신청하지 않아서 개막 첫날 Demonstration을 못해 발을 동동 구른 일이 있었다. 박람회 개막 직전에는 서비스 공급업체들이 기존에 신청들어온 건을 처리하기도 빠듯한 사정이 된다. 또 미국이나 유럽의 경우는 장치물에 섬유류가 포함된 경우 필히 방화 섬유류를 사용하도록 의무화되어 있는 등 안전규정이 까다로우므로 참가업체 매뉴얼의 해당 규정을 사전에 잘 숙지하여 국내에서 가져가는 장치물 준비 시 참고로 하는 것이 필요하다.

이런 전시품을 출품하라 - 출품 시 Key Point

제품이 부스장치보다 우선한다. 아무리 부스장치가 훌륭해도 출품된 제품이 신통치 않으면 성과가 없다. 무엇보다도 제품이 품질과 가격, 기술 개발면에서 경쟁력을 갖추고 있어야 하며 장치는 그 다음이다. 그러면 어떤 제품을 박람회에 출품하는 것이 좋을까?

■ 신제품과 최신 Model 위주로 준비한다

박람회에서는 백화점식으로 이것저것 다 출품한다고 해서 좋은 것은 아니다. 바이어들이 박람회를 찾는 가장 큰 이유 중 하나는 신제품이나 최신 모델을 물색해 보기 위해서이다.

특히 IT와 같은 기술분야는 새로운 기술과 성능을 갖춘 최신

시드니 Fitness 박람회에 출품된 최신 Model 제품

Model로 준비해야 한다.

요즈음 보안장비쪽은 그야말로 치열한 생존경쟁의 시대로 돌입했다고 해도 과언이 아니다. 하루가 다르게 새로운 모델이 선보이고 있기 때문이다.

최근 외국의 어느 유명 보안장비 박람회에 한국에서 두 업체가 참가했는데 한 업체는 큰 업체였고 다른 한 업체는 회사 규모가 작고 생산하는 모델도 제한되어 있었다.

회사규모가 큰 업체는 부스도 크게 설치하고 취급하는 품목을 모두 가져와서 전시한 반면, 규모가 작은 업체는 최신 모델 중 핵심모델 2~3개만을 가지고 참가하였다. 결과는 다품종으로 즐비하게 전시한 업체보다 규모는 작지만 선명한 화면과 멀티 기능 등 최신 모델을 출품한 업체 부스에 바이어들의 관심도 더 많고 상담도 활발한 것을 볼 수 있었다.

바이어들이 박람회를 찾는 가장 큰 이유 중 하나는 신제품이나 최신 모델을 발굴하기 위한 것이다.

■ 아이디어 상품을 출품한다

현대는 독창성이 어느 때보다도 요구되는 시대이다. 박람회에서는 평범한 제품은 주목을 받지 못한다. 아이디어가 톡톡 튀는 제품이 박람회에서 주목을 받게 된다.

어느 박람회에 참가하든지 경쟁업체가 꼭 있기 마련이며, 아무리 현재 잘 팔리는 제품이라 해도 새로운 아이디어와 기술로 끊

프랑크푸르트
소비재 박람회에 출품된
아이디어 상품

임없이 업그레이드하지 않는 한 언제 경쟁사에게 추월당할지 알 수 없다.

국내 B업체가 최근 프랑크푸르트 소비재 박람회에 "별이 뜨는 지구본"이란 제품을 출품했는데 이 지구본은 낮에는 보통 지구본이지만 밤이 되어 어두워지면 형광처리가 되어 있어 하늘의 별자리가 아주 선명하게 나타나도록 되어 있다. 이 제품은 새로운 아이디어 제품이기 때문에 바이어와의 Telemarketing 단계에서부터 바이어가 큰 관심을 갖고 있다가 박람회에서 제품을 확인한 후 바로 오더가 이루어졌다. 새로운 아이디어 제품은 바이어가 큰 관심을 갖게 마련이다.

박람회에서 아이디어 상품을 출품하는 것이 얼마나 중요한지 한 가지 사례를 더 든다.

수 년 전 외국의 어느 식품 박람회에 한국에서 쵸콜렛 제품을 생산하는 3개의 업체가 참가했다. 그 중 한 업체에서는 당시 한창 어린이들 사이에서 유행하던 움직이는 텔레토비 인형(영국 BBC 어린이 프로그램에 나오는 캐릭터)에 쵸콜렛을 넣은 제품을 출품했는데 그 업체 제품은 단순히 포장이나 움직이지 않는 인형 속에 쵸콜렛을 넣은 제품을 출품한 여타 두 업체들과는 비교가 되지 않을 정도로 바이어와의 상담이 활발했다. 더구나 가격도 다른 경쟁사 제품보다 오히려 2배 이상 비쌌지만 바이어들이 그 회사부스에 몰려 큰 성과를 거둘 수 있었다.

■ 유행이 지난 제품도 지역에 따라서는 신제품이 될 수 있다

국내에서 유행이 지난 제품이라고 하더라도 다른 나라에서는 경우에 따라 신제품이 될 수 있으므로 제품을 판매하고자 하는 시장의 동향을 사전에 정확히 파악하는 것이 필요하다. 또한 유행의 사각지대도 있고 생각지 않게 히트치는 품목도 있다. 추운 겨울에 낚시나 등산할 때 사용되는 Hot Pack의 경우를 예로 든다. Hot Pack은 여러 사이즈가 있으나 보통 가로 세로 10cm 내외의 사이즈로서 비벼주면 따뜻해지고 주머니나 품속에 넣어서 사용한다. 국내에서는 오래 전에 유행이 지난 상품이지만 호주에서는 아직도 잘 팔리고 있다. 수 년 전 국내업체가 Hot Pack을 호주 Home Show와 선물용품 쇼, 건강용품 박람회 등에 처음 출품하였을 때는 아주 선풍적인 인기를 끌었고 최근에는 경쟁업체들이 다수 생겨나고 있으나 아직도 잘 팔리고 있다.

■ 현지 전기주파수나 전압에 맞는 제품을 출품한다

외국에서 개최되는 박람회에 참석하기 전에 현지의 전압이나 전

기 주파수를 사전에 면밀히 조사하여 박람회장에서 제품의 성능이 100% 발휘될 수 있도록 준비하는 것이 중요하다. 사실 이러한 것은 매우 상식적인 사항이다. 각국마다 전압이나 전기 주파수가 다르고 또한 세계 방송 규격도 NTSC나 PAL 등 방식이 상이하다. 해당 지역 사정에 대해 사전에 면밀한 조사 없이 참가할 경우 아무리 최신 제품으로 정성들여 준비했다 하더라도 막상 박람회장에서 제품의 성능이 제대로 발휘될 수 없는 일이 발생할 수 있다.

■ 국제적 품질 및 규격 인증마크를 잘 활용한다

국제적 규격 인증마크가 회사제품의 품질을 인정받고 상담을 성사시키는데 크게 도움이 될 수 있다. CE(유럽), DIN, TüV(독일), UKAS, DAS, UKS(영국), UL(미국), KS(한국), AS(호주) 등 국제적인 품질 및 규격 인증마크는 박람회에서 제품의 성능을 효과적으로 홍보할 수 있는 수단이 된다. 인지도가 없는 중소업체가 해외 유명 박람회에 처음 참가하게 되는 경우 이러한 국제적 규격 인증마크는 바이어와의 상담에 크게 도움이 된다.

국제적 인증마크를 잘 활용한 국내 어느 중소업체의 경우를 예로 든다.

다른 나라도 마찬가지지만 호주에서는 호주 규격 인증이 없이는 전자제품을 유통할 수 없다. 최근 호주에서 개최된 IT 박람회에 참가한 국내 어느 업체가 호주 인증마크가 없어 이미 획득한 바 있는 유럽규격 인증마크 CE를 전시품에 잘 표시하였다. 비록 호주 품질 인증마크는 아니였지만 바이어로서는 유럽의 규격 인증마크를 근거로 제품의 안전성과 품질을 신뢰할 수 있었고 호주 품질 인정마크 취득도 용이할 것으로 판단하여 쉽게 계약이 이루어질 수 있었다.

■ 해당 국가의 규정상 수입이 가능한 제품을 출품한다

미국, 유럽 등 선진국들은 까다로운 인증규정 제도를 유지하고 있다. 인증 획득이 필요한 경우 인증규정에 통과되지 않은 완제품은 아예 통관이나 판매를 금지하고 있다. 따라서 해당 국가의 인증규정에 통과할 가능성이 없는 제품은 출품하지 않는 것이 바람직하다.

또 사우디 등 회교권 국가의 경우 박람회 개최지의 관습이나 정서를 고려하여야 한다. 예를 들어 비키니 차림의 여자 모델 사진을 담은 제품이나 술을 출품할 경우 통관 시 전시품 자체를 몰수당하게 된다.

■ 특허나 디자인 Copy 분쟁 소지가 있는 제품 출품에 조심한다

박람회에 출품한 제품이 뜻밖에 특허권 침해나 디자인 Copy 분쟁에 휘말리게 되는 경우를 종종 보게 된다. 첨단 기술제품이나 디자인 제품의 경우 이런 사례가 자주 일어나고 있다. 이런 분쟁이 생기면 해당 업체는 상대방 업체로부터 제소당하는 것은 물론이고 박람회 참가에도 영향을 받게 되는 등 치명타를 입게 될 수 있으므로 전시품 출품 전에 문제의 소지가 될 수 있는 것이 있는지를 한번 검토해 봐야 한다.

몇 년 전 프랑스의 어떤 장신구 박람회에서 국내의 모 장신구 생산업체가 외국업체 제품의 디자인을 Copy해서 출품한 것이 문제가 되어 그 후 박람회 주최측에서 한국업체들의 참가를 받아주지 않은 일이 있었다.

또 독일의 어느 완구 박람회에서는 한국업체가 일본 N사의 P라는 캐릭터 제품을 출품했다가 박람회기간 중 부스 폐쇄조치가 내려진 경우도 있었다. 이 한국업체는 일본 N사의 한국 내 배급권만 가지고 있어, 독일 완구 박람회에는 출품할 수가 없었는데 출품한 것이다. 한국업체의 출품 사실을 알게 된 일본 N사는 변호사를 바이어로 위장시켜 그 한국업체 부스에 보내서 출품 사실을 직접 확인하게 한 후 관계 당국에 신고하여 법적인 조치에 들어

갔고 그 업체 부스는 바로 폐쇄되게 되었다.

■ 신제품의 경우 기밀 노출에 주의한다

새로 개발한 제품의 경우 제품 카탈로그를 진열하지 않는 업체들이 많다. 박람회에 참가하는 경쟁국 업체들, 특히 중국업체들이 제품을 금새 Copy해 시장에 내 놓는 일이 잦기 때문이다. 특히 아이디어 제품이나 디자인 제품인 경우에 그러한 현상이 심하다. 따라서 신제품인 경우에는 Copy 당할 가능성에 대비해 신경을 쓰도록 해야 한다. 신제품이 많이 출품되는 유명 박람회의 경우 전시부스 내에서는 해당 부스 직원의 동의가 없는 한 사진 촬영이 허용되지 않는다.

그러나 몰래 사진을 찍어가는 일이 종종 발생하고 있다. 몇 년 전 프랑크푸르트 악기 박람회(Musikmesse) 한국관에서 중국과 대만 사람들이 휴대폰으로 통화하는 척하면서 전시된 첼로와 바이얼린 케이스의 경첩부분을 근접 촬영했다. 그 당시 한국관에 출품된 악기 케이스의 경첩부분은 디자인과 품질이 매우 좋은 제품으로서 이 분야 기술이 뒤떨어진 중국과 대만 업체들이 이를 copy하고자 했던 것이었다. 한국관의 해당 업체 직원들이 촬영 사실을 발견하고 전시장 휴대폰을 경비에게 압수해 주도록 요청하였으나 박람회 규정상 보통카메라나 디지털 카메라는 필름이나 칩을 압수할 수 있으나 휴대폰 카메라는 통신수단이라는 이유로 압수할 수 있는 근거 규정이 아직 없어 압수가 어렵다는 답변을 듣고 압수하지 못한 일이 있었다.

■ 틈새품목 출품을 검토해 본다

박람회에 참가하는 업체들이 박람회 성격에 맞는 품목만 가지고 참가하려고 하는데 박람회 성격에는 딱 맞지 않지만 관련성이 있는 품목을 가지고 참가해서 좋은 성과를 올릴 수 있는 경우가 얼마든지 있다. 말하자면 박람회에 틈새품목을 출품하는 것이다. CeBIT과 같은 정보통신 박람회에 가보면 정보통신 제품 일색인데 조그만 부스에 노트북 컴퓨터 개방이나, 마우스 패드, 핸드폰 줄이나 케이스 등을 가지고 나와서 성과를 짭짤하게 거두고 가는 업체들이 적지 않다. 이러한 제품들은 정보통신 박람회 성격과 직접 관련은 없지만 정보통신 제품에 부수적으로 소요되는 품목이고 또 남들이 관심을 두지 않아 경쟁도 많지 않은 품목이기 때문에 상담이 활발히 이루어진다.

액세서리 박람회에 액세서리 케이스를 가지고 출품하거나 식품 박람회에 주방용 걸레를 출품하는 것도 틈새품목을 출품하는 경우라고 할 수 있다.

부스장치가 부스에 대한 첫인상을 좌우한다

■ 부스장치 형태 중에서 자기에게 맞는 것을 선택한다

부스장치는 장치의 형태로 보면 조립식 장치부스(Ready Stand)와 주문식 장치부스(Customized Stand)로 구분할 수 있으며 조립식 장치부스는 규격 장치부스(Shell Stand)와 임차 장치부스(Rental Stand)로 다시 나눌 수 있다.

조립식 장치부스는 규격화된 장치시스템을 이용하는 경우이고 주문식 장치부스는 전시 스페이스만 임차하여 독립적으로 장치하는 경우이다. 그러면 규격 장치부스, 임차 장치부스 그리고 주문식 장치부스에 대해 좀더 자세히 설명하기로 한다.

1__규격 장치부스(Shell Stand)

박람회 주최자가 전시면적과 규격화된 조립식 장치시스템을 패키지로 하여 제공하는 기본 장치부스이다. 한국이나 홍콩 등 주로 동아시아 지역 박람회에서 많이 이용되고 있는 형태이며 획일적인 디자인 때문에 '닭장'이라는 평을 듣기도 한다.

Shell Stand에 포함된 규격 장치시스템은 주로 3면 Wall Partition, Display Shelves와 Cabinet, 상담용 테이블과 의자, 카

펫, 간판(Fascia), 스포트라이트 등 아주 기본적인 것들이며 Option에 따라 Standard type, Deluxe type이 있다. Shell Stand는 박람회에 따라서 부스 기본 면적단위가 다르며 (9 S/M, 12 S/M, 15 S/M 등) 가격은 Floor Space Only보다 15% 정도 더 비싼 것이 보통이다.

2__임차 장치부스(Rental Stand)

전시면적만을 임차하고 박람회 주최자나 전시전문 장치업체가 임대하는 다양한 규격화된 장치 시스템 중에서 자기회사에 적합한 시스템을 Exhibitor's Manual을 통해 골라서 신청하여 장치하는 부스이다. Shell Stand 가 전시면적과 규격장치를 패키지로 하는데 비해 Rental Stand는 전시면적과 규격장치를 별도로 임차해야 한다는 점에서 차이가 있다.

Rental Stand는 독일을 비롯한 유럽 지역에서 주로 이용되고 있는 형태이며 Shell Stand에 비해 규격장치 시스

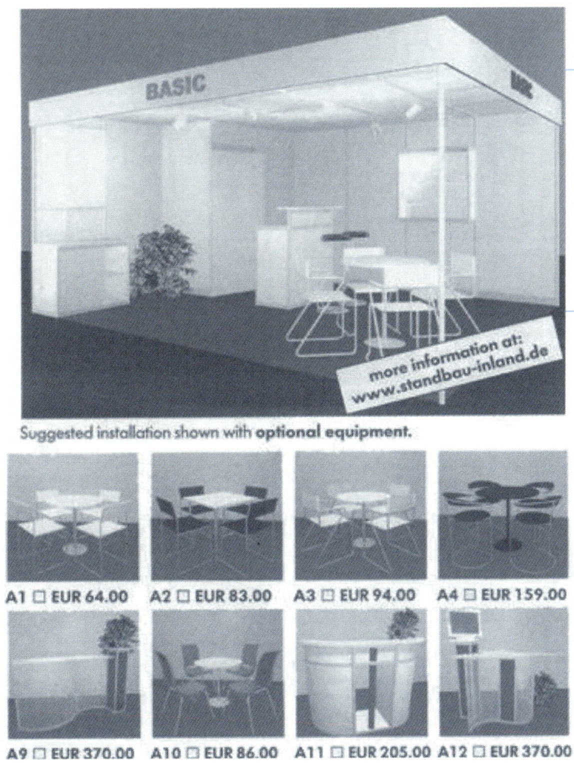

독일 박람회에서 이용되는
임차 장치부스(Rental Stand)

템의 종류가 다양하며 상담용 가구 Option에도 선택폭이 넓다. 최근에는 Rental Stand에 전화, 팩스, 인터넷 등 Multi Media Package를 포함한 것도 나오고 있다.

3__주문식 장치부스(Customized Stand)

전시면적만을 임차하여 참가업체가 자체적으로 선정한 전시장치 업체에 별도로 주문하여 독립적으로 장치하는 부스이다. Shell Stand나 Rental Stand가 규격화된 장치시스템을 사용하는데 비해, Customized Stand는 업체나 제품 특성에 맞게 별도로 디자

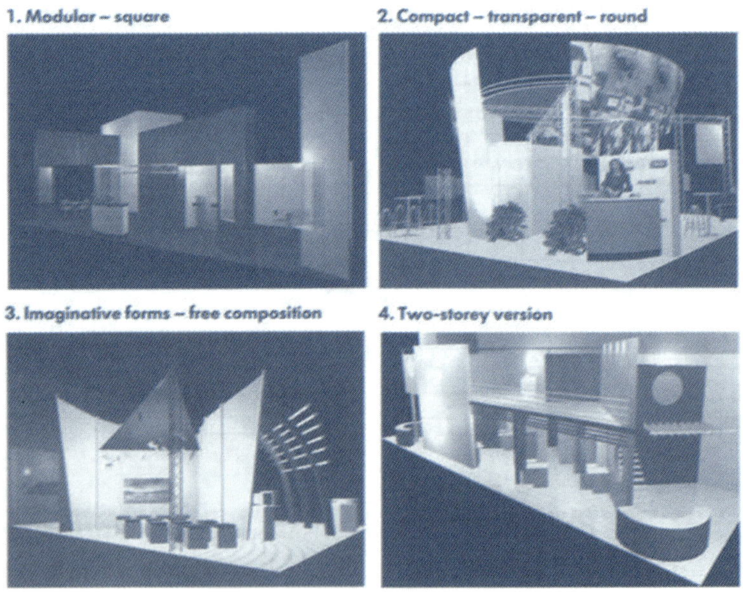

독일 박람회에서 이용되는 주문식 장치부스 (Customized Stand)

인하고 장치하는 부스이다. Shell Stand나 Rental Stand가 비용상의 이점이나 편리성 때문에 중소기업들이 많이 이용하는데 비해 Customized Stand는 어느 정도 규모가 있는 기업들이 기업의 브랜드나 이미지를 적극 홍보하기 위해 많이 이용하고 있다.

■ 조립식 장치부스와 주문식 장치부스의 장단점

1__조립식 장치부스

조립식 장치부스는 장소 임차료에 비용을 조금만 추가하면 되므로 매우 경제적이며 Exhibitor's Manual에 있는 신청요령에 따라 쉽게 이용할 수 있는 것이 장점이다.

단점은 획일적인 부스장치 때문에 제품이나 기업특성에 맞는 장치를 하기가 어렵다는 점을 들 수 있다.

박람회에 독립적으로 참가하는 업체가 조립식 장치부스를 이용하는 경우에는 필요한 만큼의 부스 임차가 가능하겠으나 국내관련기관이나 단체가 주관하는 공동관 참가 시에는 기본부스 면적만 제공되는 경우가 많으므로 필요한 만큼의 면적 사용이 힘들다.

2__주문식 장치부스

장점은 자기가 원하는 만큼의 전시면적을 이용할 수 있고 제품특성에 맞는 장치를 할 수 있다는 점이다.

그러나 주문방식(Customized)에 의한 장치인만큼 장치비용이 많이 소요되고 장치업체 선정 및 장치계약, 부스장치 방향 협의 등 모든 절차를 참가업체 스스로가 처리해야 하므로 신경써야 할 일들이 많다.

■ 부스장치 시 고려해야 할 사항

1__부스장치는 부스에 대한 첫인상을 좌우한다.

박람회는 Tradeshow라는 말 그대로 상품전시를 위한 Show인 만큼 Show 성격상 부스장치가 매우 중요하다. 부스장치나 디자인이 좋으면 바이어는 물론 방문객의 관심을 끄는데 큰 도움이 된다.

부스장치는 회사 이미지와도 연결되기 때문에 박람회에 자주 참가하는 기업일수록 부스장치에 신경을 많이 쓴다.

우리나라 업체들은 부스장치에 별로 신경을 쓰지 않는 경향이 있다. 경비문제도 원인이긴 하지만 부스장치에 대해 관심이 부족한 때문이라고 생각된다.

유망한 제품이지만 부실한 부스장치 때문에 제품이 잘 부각되지 못해 바이어들의 관심을 못 끄는 경우도 많이 생긴다. 부스장치는 신경을 쓴 만큼 상담 활동에 많은 효과를 볼 수 있다. 부스장치 시에는 방문객에게 전달하고자 하는 기업의 이미지, 출품한 전시품 내용, 부스규모, 예산사정, 부스 운영요원 수, 예상 방문객수 등을 고려하여야 한다. 그러나 무엇보다도 중요한 것은 방문객들이 그 기업에 대한 이미지와 전시할 제품을 한눈에 잘 파악할 수 있도록 장치하여야 한다.

2__방문객의 눈에 띄는 부스가 되도록 한다.

박람회에 가보면 눈에 띄는 부스들이 있는데 장치나 전시품이 다른 부스들에 비해 특색이 있기 때문이다. 수천 개의 부스가 밀집되어 있는 유명 박람회일수록 너무 볼 것이 많기 때문에 방문객들이 평범한 부스는 그냥 지나치는 경우가 허다하다. 아무리 제품이 좋아도 방문객의 시선을 끌 수 있도록 부스장치에 신경을 써야 한다. 그러나 너무 튀어 방문객의 웃음을 자아내는 장치가 되어서는 안 된다.

이를 위해서는 지나가는 방문객들이 제일 잘 볼 수 있는 위치에 중요한 제품을 전시하고 사진 판넬이나 조명, 보조도구 등을 적절히 활용하여 방문자들의 눈에 쉽게 들어오도록 하는 노력이 필요하다.

3__중소기업의 경우 Rental Stand가 경제적이다.

유럽이나 미국지역 박람회는 독립적으로 참가할 경우 장치에 많은 비용이 소요된다. Rental Stand는 Ready made 장치이긴 하나 선택할 수 있는 장치시스템이 그런대로 다양하므로 부스규모가 크지 않은 중소기업의 경우 경비가 많이 소요되고 신경써야 할 것이 많은 주문식 장치부스보다는 Rental Stand를 이용하는 것이 경제적이다.

3__공동관 참가 시 국내에서 장치 지원물을 가져가는 것이 좋다.

공동관에 참가하는 업체들이 국내에서 장치물을 전혀 준비해 가지 않는 경우를 자주 보게 된다. 박람회 개막 전날 도착해서 공동관 주관기관이나 협회 직원에게 자기부스에 필요한 장치지원물을 이것저것 요구하는 업체들이 가끔 있다.

장치에 신경을 쓰지 않거나 공동관이기 때문에 주관하는 기관이 다 알아서 준비해 주겠지 하는 생각 때문이 아닌가 생각된다. 공동관은 같은 형태의 조립식 부스들로 구성되기 때문에 모양이 획일적이며 참가업체 각각의 특성이 충분히 고려되지 않는다.

공동관의 경우 기본적인 부스장치 시스템 이외에는 특별히 지원되는 것이 없기 때문에 업체 특성이나 부스 분위기를 살리기 위해서는 업체 스스로 필요한 장치지원물을 국내에서 챙겨나가야 한다.

획일적인 공동관 부스들 가운데서 자기 부스가 방문객들의 시선을 끌게 하기 위해서는 나름대로 노력이 필요하다. 회사와 제품을 소개하는 간단한 판넬이나 포스터 또는 배너 등을 부착하고 소도구를 활용해 전시품을 보다 입체감 있게 전시한 업체 부스가 전시품만 단순히 선반에 진열한 업체부스와 차별성이 있는 것은 물론이다. 요즘은 판넬이 휴대하기 불편해서 캔버스에 프린트하여 간편하게 갖고 오는 업체들도 많다.

간혹 한국어가 들어간 전시장치물을 해외 박람회에 가져와서 사용하는 업체들을 보게 된다. 국내 박람회에서 사용하던 것을 그대로 가져온 것으로 생각되는데 외국인 방문객들은 전혀 알 수 없는 내용이 되고 만다.

4__주문식 장치부스는 제품특성이 잘 반영되도록 장치한다.

주문식 장치부스는 박람회 주최자 등으로부터 2~3개 정도의 장치 업체를 추천 받아 이들로부터 장치 디자인 도면과 견적을 제출받고 장치 경험, 신용상태, 견적 가격 등 제반 사항을 검토하여 적격 장치업체를 선정토록 한다.

장치업체와의 장치 협의 시에는 제품 성격이나 기업 이미지가 장치에 잘 반영되도록 주문하는 것이 필요하다.

부스장치는 요란한데 장치와 전시품이 조화가 잘 이루어지지 않는다든지 기업 이미지와 동떨어져서도 안 될 것이다.

우리나라 업체들은 박람회가 임박해서야 장치 주문을 내는 경우가 많기 때문에 견적도 높게 나오고 장치가 부실하게 되는데 주문식 장치부스는 장치업체에게 충분한 시간을 주고 주문하는 것이 좋다.

5__부스 조명은 여자의 화장과 같다.

우리나라 업체들은 부스 조명에 소홀한 경향이 있다. 아무리 장치가 훌륭한 부스도 조명이 미흡하면 전시품을 제대로 부각시키지 못하고 방문객들의 관심을 받지 못하게 된다. 유명 박람회에 참가하는 외국 유수기업들의 경우 보다 효과적인 부스장치를 위해 조명 전문가들을 많이 활용하고 있다. 몇 년 전 독일의 어느 홈쇼에 사우나 설비를 취급하는 어느 국내 업체가 개별적으로 참가했다. 이 업체는 의욕을 갖고 큰 부스를 얻어 다양한 모델의 사우나 설비를 출품했기 때문에 운송비, 부스 임차료 등 참가비에 많은 경비가 들었다. 생각지 않았던 경비가 추가로 많이 소요되다 보니 부스 조명은 최소화하기로 했다. 조명이 별로 없다 보니 이 업체 부스는 다른 업체 부스보다 어둡게 됐고 전시된 사우나 설비도 제 모습을 보여주지 못해 방문객의 관심을 끌지 못했다. 부스가 어두우면 방문객들의 시선이 떨어지게 된다. 결과적으로 이 업체는 계약을 거의 하지 못했는데 이 회사 사장은 거래성과 부진 원인 중의 하나로 부스 조명을 지적했다. 부스 조명은 여자의 화장과도 같은 것이라고 생각된다.

홍보책자 / 판촉물 무엇을 준비하나

■ 홍보책자

박람회에서 배포되는 홍보책자는 주로 회사 소개 브로슈어나 상품 카탈로그가 대부분이며 최근 들어 CD로 만들어 배포하는 기업들도 늘고 있다.

홍보책자를 두껍게 제작하여 바이어나 일반 관람객들에게 구분 없이 배포하는 업체들이 있다. 효과가 있을 수도 있지만 비용 문제나 효과면에서 바람직하지 않은 방법이다.

상담이 위주면 바이어용 위주로 제한된 수량의 홍보책자를 잘 만들어 가지고 가는 것이 좋고 일반 홍보를 위해서라면 일반 관람객용으로 홍보책자를 얇고 가볍게 만들어 충분한 양을 준비해 가는 것이 좋다.

박람회에서 배포되는 홍보책자는 많은 양이 박람회장 내 휴지통에 들어가기도 하지만 해당 제품이나 업체에 관심을 두고 있는 바이어라면 잘 챙겨 가지고 가는 물건이다.

홍보책자는 해당 지역 언어 또는 영어로 제작토록 한다. 한국어로 된 홍보책자를 가지고 나오는 업체들을 가끔 보게 되는데 바이어들이 난감해 한다. 국내에서 사용하던 것을 그냥 가져온 것으로 생각되는데 바이어들은 한국어로 된 내용을 전혀 이해할 수도 없으며 무성의하다는 인상을 주게 된다. 경비문제 또는 준비일정상 불가피한 경우에는 영문으로 간략히 요약된 자료라도 준비해오는 것이 바람직하다. 또 국내 업체들이 해외 박람회에서 배포하는 카탈로그나 브로슈어 내용을 잘 살펴보면 영어로 된 내용이 Konglish라서 외국인들이 이해가 될지 고개가 갸우뚱 해지는 경우가 종종 있다. 또 오자 탈자도 많아 회사의 이미지나 제품소개에 오히려 마이너스가 되지나 않을지 염려가 되기도 한다.

세계 유명 박람회에서는 유수 기업들의 홍보책자가 경쟁적으로 배포되므로 어느 정도 수준 있는 홍보책자를 제작하도록 하여야 한다.

■ 판촉물(Promotion Item)

판촉물을 전혀 준비해 가지 않는 것보다는 준비해 가지고 가는 것이 좋다.

해당 산업의 많은 관계자들이 운집하는 박람회에서 좋은 판촉물은 그 기업을 기억하게 하고 상담을 촉진시키는데 도움이 된다. 그러나 판촉물을 강요하다시피 나눠 주는 것은 안 주느니만 못하다. 개도국 박람회에서는 관람객에게 판촉물을 나눠 줄 때 너무 많은 사람들이 몰려 들어 사람들이 다치지 않을지 염려가 되는 경우가 있으므로 유의해야 한다.

판촉물은 말 그대로 판촉물이므로 받는 사람이 부담이 되지 않는 물건을 준비토록 한다. 그러면 어떠한 종류의 판촉물이 좋은 것일까?

일반인 상대의 소비재 박람회에서는 많은 수의 일반인에게 나눠주느니 만큼 우선 가격면에서 저렴해야 하고 실용성이 있으면서 해당 기업이나 상품에 대한 이미지를 잘 전달할 수 있는 품목을 선택하여야 한다. 요즘은 주로 쇼핑백, 볼펜, 모자, 휴대폰 줄 등에 회사 로고를 새긴 것이 많이 쓰이고 있다.

B2B 박람회에서 내방 바이어를 위한 판촉물은 기업 이미지와 전혀 연관되지 않는 일반적인 선물보다는 그 기업과 연관되고 또 그 기업을 기억할 수 있는 물건이나 실용성이 있는 물건 위주로 제한된 수량을 준비하는 것이 좋다.

주로 넥타이, 손톱깎이 세트, 명함지갑, 소형 탁상시계, 우산, 봉투 Cutter 등에 회사 로고를 새겨 넣은 것이 많이 이용되고 있으며 회사 제품을 Miniature로 고급스럽게 만들어서 주는 업체들도 있다.

미국의 어느 미용 박람회에서 아로마 제품을 출품한 업체가 있었다. 그 업체는 아로마 Therapy에 대한 대중의 인지도를 높이기 위해 Relaxation 음악 CD를 방문객들에게 나눠 주었는데 방문객의 반응이 아주 좋은 것을 볼 수 있었다.

또 독일의 어느 건설중장비 박람회에서 어느 건설중장비 생산업체가 자사에서 생산되는 건설중장비의 모형을 잘 만들어서 주요 고객들에게 나누어 주었는데 받은 사람들은 즐거운 표정이었다.

전시품 운송 / 통관 시 유의할 사항

수 개월에 걸쳐 애써 준비한 전시품이 운송과 통관과정에서 문제가 생겨 전시와 상담에 차질이 빚어지는 경우가 자주 일어나고 있어 전시품 운송과 통관에 많은

프랑크푸르트 전시장에서의 전시품 운송

신경을 써야만 한다. 운송 및 통관 시 몇 가지 유의할 사항에 대해 언급하면

첫째, 특히 해외 박람회에 단독으로 참가하는 경우 업체들이 전시품 발송 및 운송 일정을 너무 짧게 잡아 전시품 통관에 차질을 빚는 경우가 자주 발생하고 있다.

대개는 대부분의 전시품을 선편 발송하고 일부 경량 전시품만 항공 발송 또는 핸드캐리하게 되는데 선편 발송 분이 제때 도착하지 않아 낭패를 보는 경우가 많다. 많은 비용을 들여 해외 박람회에 참가하는 만큼 창고료가 다소 들더라도 전시품은 충분한 시일을 두고 발송해야 한다.

둘째, 박람회마다 박람회 주최자가 지정하는 2~3개 정도의 통관 대행업체 중 하나를 참가업체가 선택하여 이용토록 하고 있는데 예를 들어 독일의 경우는 Schenker가 많이 이용되는 업체 중 하나이다. 전시품 발송시에는 B/L과 Commercial Invoice/Packing List를 작성하는데 Consignee는 믿을 수 있는 현지 에이전트, Notify Party는 통관 대행업체로 하는 경우가 많은데 이것은 참가업체나 현지 통관사정에 따라 달라질 수 있다.

셋째, 전시품 성격이나 지역 특성상 생각지 않게 통관에 애로가 발생할 수 있으므로 이에 대해 각별히 유의하여야 한다.

예를 들어 호주의 경우 목제품에 대한 통관절차가 매우 까다롭기 때문에 전시품을 Wooden Box에 담아 보낼 때는 목재로 된 전시품은 물론이고 Wooden Box에 대한 Fumigation Certificate(훈증 소독 증명서)를 국내에서 사전에 발급받아야 현지에서 통관이 가능하다. 호주에서 개최되는 박람회에 참가하는 국내 업체들 중 일부는 Fumigation Certificate를 준비해 오지 않아 현지에서 이를 발급받기 위해 제때 전시를 못하는 경우가 발생하기도 한다.

사우디아라비아와 같은 회교국에서 개최되는 박람회에 참가하는 국내 업체들이 현지의 종교적 특성은 고려치 않고 술이나 여자 나체사진이 들어 있는 잡지를 전시품과 함께 보내는 경우도 더러 있다. 통관에 적발되는 경우 해당 물건이 압수되는 것은 물론이고 전시품 통관 자체가 보류되어 제때 전시가 불가능한 일이 일어날 수 있으므로 유의하여야 한다.

넷째, 개도국은 물론이고 독일과 같은 선진국 박람회에서도 전시품 통관과정에서 도난사고가 자주 일어나고 있다. 주로 Carton Packing 한 물건이 하역 시 도난되는 사례가 많은데 중요한 샘플은 물론이고 모든 전시품은 가능한 한 Wooden Packing하도록 한다. 만약의 경우를 대비해 중요한 샘플은 여벌로 핸드캐리하는 것이 좋다.

다섯째, 현지 관세 지불 부담을 줄이기 위해 전시품 Invoice Value 작성 시 Undervalue를 많이 하는 업체들이 있다. 전시품에 대한 보험 부보는 Undervalue 된 가격에 따라 부보가 되는데 도난을 당하게 되면 보상을 제대로 못받게 되는 경우가 생기는 것을 종종 보게 된다. 또 무리하게 Undervalue 한 것이 통관 시 적발되어 문제가 될 수도 있으므로 무리한 Undervalue는 하지 않는 것이 좋다.

여섯째, 항공으로 핸드캐리하는 샘플이 많은 경우 현지 공항에서의 관세 부과에 대비해야 한다. 경우에 따라서는 공항에서 관세 지불을 요구받는 일이 종종 발생하고 있다. 공항에서 관세 면세를 받기 위해서는 전시품이라는 것을 증명하는 까르네증명서와 휴대샘플에 대한 영문 인보이스를 준비해서 가지고 가는 것이 좋다. 까르네증명서를 준비 못했으면 영문 인보이스라도 보여 주면 통관 시 도움이 크게 된다.

일곱째, 전시품이 현지에 도착하면 박람회 지정 통관 대행업체를 통해 통관을 완료시켜 전시장 내 창고로 반입케 한다. 그리고 회사 부스 파견 요원이 현지 도착한 후 전시품 디스플레이를 시작 하기 직전 부스에 배달해 주도록 요청한다.

전시품이 부스에 도착하면 전시품 박스의 파손 여부와 내용 수량 등을 확인한다.

여덟째, 박람회 종료 후에는 전시품 사후 처리를 어떻게 할 것이냐 하는 것 때문에 신경을 쓰게 된다.

기계류나 중장비와 같이 재반송 비용이 많이 나오는 품목은 사전에 현지에서 인수할 사람을 정해 놓거나 박람회 기간 중 물색하여 넘겨 주는 것이 좋다. 다른 전시품의 경우는 재반송 비용과 현지 처분 비용을 비교해서 유리한 방향으로 결정토록 한다.

현지 매각하더라도 박람회 기간 중에 하게 되면 박람회 규정을 위반하여 박람회 주최자로부터 Warning을 받게 되므로 박람회 개최 마지막 날 매각하도록 한다.

재반송 전시품이 많지 않은 경우는 대형 가방이나 Carton Box에 넣어 귀국 시 핸드캐리하기도 하는데 이때 공항에서 통관 시 문제가 될 수 있으므로 한국에서 발송 시의 선적서류를 준비해서 보여 주도록 한다.

부스 상담 직원 파견 시 이런 것을 고려한다

박람회는 3~4일간의 짧은 기간에 많은 방문객들을 만나 비즈니스 상담을 해야 하는 업무강도가 높은 장소이다. 따라서 이러한 과중한 업무를 감당할 수 있는 유능한 상담 요원 파견이 요구된다. 상담 직원이 지켜야 할 수칙에 대해서는 '박람회 기간 중 마케팅 활동 이렇게 하라' 부분에서 자세히 설명하기로 한다.

부스 상담 직원 파견 시 항상 얘기되는 것 중 하나는 부스 규모에 맞는 적정 인원은 어느 정도인가 하는 것이다. 부스 규모는 큰데 부스 상담 직원 수가 너무 적어 방문객이 몰릴 때마다 바빠서 쩔쩔맨다든지 반대로 부스 규모는 작은데 너무 많은 상담 요원이 진을 치고 있어 방문객이 부스에 들어가기를 주저할 정도가 되서는 안 될 것이다.

부스 적정 인원은 부스 규모, 방문객 수, 전시품 성격, 상담 활동 내용 등에 따라 달라질 수 있다. 방문객 수가 많거나 상담 활동이 많으면 더 많은 상담 직원이 필요하다. 기계류 박람회인 경우 작동을 위한 기술자 파견이 추가로 필요하다.

정확한 것은 아니지만 경험적으로 보면 9 S/M 기본 부스를 기준으로 2명 정도가 적당하다고 본다.

과거에는 여행 경비 등을 이유로 기본 부스에 혼자서 나와 힘겹게 부스를 운영하는 것을 많이 봤는데 기본 부스라 하더라도 요즘은 대개 2명 정도의 상담 직원이 나오는 경향이다.

그리고 남자 직원들만 나오는 것보다는 여직원도 나와 상담 분위기를 부드럽게 하는 것도 좋은 방법이다. 상담 요원 수가 많으면 편한 점도 있지만 상담 요원 수가 많다고 해서 성과에 크게 영향을 미치는 것은 아니다. 사전에 얼마나 철저하게 준비를 했고 상담 직원이 얼마나 적극적으로 상담 활동에 임하느냐 하는 것이 더 중요하다고 할 수 있다.

박람회에 처음 참가하는 부스 상담 직원의 경우 상당한 부담을 가지고 참가하게 된다. 대체로 보면 각 기업에서는 박람회 참가 경험이 있는 직원들이 개인적으로 오리엔테이션해 주는 정도가 대부분인데 해외 박람회 참가 시 마케팅 요령에 대해 관련 전문기관을 통한 교육의 필요성이 높아지고 있다. 상담 직원 현지 도착은 업체 단독으로 참가하는 경우 독립 부스 운영을 준비해야 하기 때문에 늦어도 박람회 개막 3일 전에는 도착하도록 한다.

그러나 부스 규모가 커질수록 현지에서 준비해야 할 일들이 많아지기 때문에 현지 도착은 더 일찍 하도록 한다.

공동관 참가의 경우는 대부분의 준비를 공동관 참가 주관기관이 해 주긴 하지만 박람회 개막 2일 전에는 도착하도록 한다.

숙소 / 항공편 예약은 미리 미리

유명 박람회는 개막일이 가까워 올수록 숙소나 항공편 잡기가 힘들어지므로 예약을 미리 하는 것이 좋다. 유명 박람회에는 세계 각국에서 수많은 방문객이 일시에 몰려 박람회 기간 중 호텔 요금을 2~3배씩 비싸게 받는 것은 보통이다. 독일 지역 유명 박람회의 경우 참가자들이 차년도 호텔 예약을 미리 해 놓고 떠나는 경우가 흔한 일이다.

호텔 위치는 가급적 전시장에서 가까운 곳, 교통이 좋은 곳으로 잡는 것이 바람직하다.

걸어서 갈 수 있는 곳에 적당한 호텔이 있다면 비용이 다소 더 들더라도 그곳에 투숙하는 것이 여러 가지로 편리하다. 박람회 기간 중에는 아침 저녁으로 교통체증이 심하다. 필자는 파리 식품 박람회 Opening 시간이 끝난 후 차로 전시장을 빠져 나오는 데만 2시간이 걸렸던 기억이 있다.

독일의 경우는 박람회 참가자들이 민박도 많이 이용하고 있다. 민박은 박람회 주최자에게 문의하면 소개해 준다. 독일에서의 민박은 가격이 저렴하고 깨끗하기 때문에 이용할 만하다. 그러나 민박도 사전에 예약하지 않으면 안 되기 때문에 차년도 박람회를 위해 민박을 떠나면서 예약하는 사람도 많다.

박람회 개막 직전에 꼭 해야 할 7가지의 일

부스 상담 직원이 박람회가 개최되는 현지에 도착해서 개막 전까지 불과 2~3일 간의 기간은 부스 상담 직원에게는 가장 바쁜 때라고 할 수 있다. 박람회 개막 전 꼭 해야 할 일을 중심으로 살펴본다.

공동관에 참가하는 경우는 공동관 주관기관이 대부분의 준비를 다해 주기 때문에 자기 회사 부스의 장치 상태와 이미 도착해 있는 전시품의 내용물을 확인한 후 전시품 디스플레이에 바로 들어갈 수 있고 주관하는 기관의 요청대로만 움직이면 별 어려움은 없다.

그러나 독립부스를 가지고 단독으로 박람회에 참가하는 업체의 경우에는 부스 상담 직원이 해야 할 일이 많다. 단독으로 박람회에 참가하는 업체 파견 직원들이 박람회 개막 직전에 꼭 해야 할 일들을 중심으로 얘기한다.

첫째, 부스 상담 직원이 박람회장에 도착하면 제일 먼저 할 일은 자기회사 부스에 가보고 부스 상태가 어떤지를 확인한다. 부스 위치는 어떤지, 위치나 면적이 도면과 차이가 있는지, 그리고 바로 인근에 위치한 부스들의 상태는 어떤지 등이다.

Shell Stand나 Rental Stand를 사전에 신청한 경우에는 개막

2~3일 전쯤에는 주최자 또는 박람회 지정 장치업체에 의해 부스 설치가 거의 마무리 단계에 이르게 되는데 부스장치에 보완이 필요한 부분이 있으면 바로 추가로 주문하도록 한다.

주문식 장치부스(Customized Stand)와 같이 일반 장치업체를 통해 별도의 장치를 하는 경우에는 장치한 내용을 당초 설계도 내용과 비교해서 잘 점검해 보고 보완이 필요한 부분에 대해서는 장치업체에게 즉시 보완해 주도록 요청한다.

둘째, 전시품을 인수하고 도난 방지에 유의한다.

박람회 지정 통관업체를 접촉하여 박람회장 내 창고에 자사 전시품의 입고 여부를 재확인하고 부스로 배달해 주어야 할 날짜와 시간을 알려 준다. 요청한 대로 부스에 전시품이 도착하게 되면 박스를 개봉하고 파손 여부, 내용, 수량 등을 일일이 확인한 후 전시품 디스플레이 작업에 들어가게 된다.

독일과 같은 선진국에서 개최되는 박람회라 하더라도 부스 내에서 도난사고가 잦으므로 전시품 도난에 각별히 유의하여야 한다.

특히 박람회 개막 직전은 도난 사고가 매우 많이 일어나는 때이다. 개막전 전시장 내에서는 많은 임시 노동자들이 일하게 되고 매우 어수선한 분위기이다. "선진국 박람회이기 때문에 안전할 꺼야" 라고 생각하는 사람이 많은데 그렇지 않다.

몇 년 전 프랑크푸르트 소비재 박람회에서 국내 참가업체 전시품 여러 박스가 부스로 반입되는 과정에서 통째로 도난되어 핸드캐리한 물건으로 겨우 전시한 적도 있었다. 지갑이나 휴대폰이 들어있는 상의를 부스에 놓고 전시품 진열 작업을 하다가 도난당하는 일도 자주 일어나고 있다.

하노버 CeBIT 등 독일의 유명 박람회에서는 야간에 전시품이 도난되는 사례가 많아 부스 경비를 별도로 세우기도 한다. 전시품 도난 사고는 개막 전이나 야간에만 발생하는 것이 아니라 전시 기간과 폐막 직후에도 자주 발생되고 있다. 박람회 폐막 후 사후 처리를 위해 팔레트에 담아둔 많은 전시품이 업체직원이 잠시 방심한 사이 통째로 도난을 당하기도 한다. 중요한 샘플이 도난되는 경우에는 상담을 망칠 수 있으므로 아예 갖고 다니거나 부스 내 안전한 곳에 보관토록 한다.

셋째, 전시품을 잘 디스플레이한다.

전시품을 잘 디스플레이하는데 따라 상담이나 방문객의 관심을 끄는데 영향이 크므로 전시품 디스플레이에 정성을 기울여야 한다. 아주 중요하거나 대표적인 샘플은 방문객의 눈에 가장 잘 띄는 곳에 진열하도록 한다. 디스플레이할 전시품의 양도 잘 검토하여야 한다. 부스를 마치 창고처럼 꽉 채운 업체들도 있고 달랑 몇 점의 샘플만 진열한 업체들도 있다. 부스 규모나 전시품 성격을 고려해 전시하도록 한다.

넷째, 서비스 신청사항을 확인한다.

박람회 주최자와 접촉하여 전기, 전화, 인터넷, 압축공기, 냉장고, 박람회 입장 Pass, 주차권 등 참가업체 매뉴얼을 통해 이미 신청한 서비스 사항이 이행되었는지 여부를 확인한다. 이행되지 않은 부분에 대해서는 즉시 조치를 요청한다. 서비스 신청사항의 확인은 사전에 확인하고 오는 것이 바람직하다.

그리고 박람회 Official Catalogue에 자기회사 부스 위치나 품목 등이 제대로 게재 되었는지를 확인한다.

다섯째, 도우미를 오리엔테이션시킨다.

통역 또는 상담지원을 위한 도우미를 쓰는 경우에는 도우미를 부스에서 미리 만나 도우미가 해야 할 일에 관해 오리엔테이션을 한다. 도우미가 상담보조자로서의 역할을 잘 하도록 하게 하기 위해서는 반드시 사전교육이 필요하다. 도우미는 현지에 사는 한국 교포를 주로 쓰는 경향이 있는데 가급적 박람회에서 일한 경험이 많은 사람이 좋다. 도우미를 고용할 경우에는 박람회 개막 3~4주 전에는 고용할 도우미를 확정하여 회사나 제품소개 책자,

상담에 관한 자료 등을 보내 주고 회사 사이트를 접속케 하여 회사나 출품 품목에 관해 사전에 충분히 알고 나오도록 한다.

현지 도착해서 도우미를 부랴부랴 구하는 업체들도 있는데 바람직하지 못한 방법이다.

또 도우미 비용을 절약하겠다고 박람회 개막일에 도우미를 나오게 하는 업체들도 있는데 개막 하루이틀 전부터 함께 사전준비 활동을 하면서 도우미에게도 준비할 시간을 주는 것이 좋다.

여섯째, 박람회에 참가한 다른 외국 업체들의 부스, 특히 경쟁업체 부스를 둘러보면서 참고할 부분이 있는지를 체크해 본다.

경쟁업체가 부스장치나 전시품 디스플레이를 어떻게 했는지, 어떠한 제품을 가지고 나왔는지 하는 것 등등이다. 박람회에 참가하는 많은 국내 업체들이 개막 직전에는 바쁘기 때문인지 자기 부스에만 신경을 쓰는데 이런 부분에 소홀한 점이 있다. 박람회라는 경쟁장소에서 경쟁업체를 이기려면 경쟁업체에 대해 미리 알고 대처해야 한다.

일곱째, 개막 전날 오후까지는 모든 준비를 마무리한다. 부스를 깨끗이 청소하고 바이어 접대용 음료수 등 부스 운영에 필요한 물건을 구입해 놓는다. 전시품을 담은 Carton 박스는 모두 치워놓는다. Carton 박스를 부스 안에 쌓아 놓는 업체들도 있는데 싸구려 부스라는 느낌을 주게 되므로 박스는 치우는 것이 바람직하다.

그리고 부스장치, 전시품 디스플레이, 비품, 전화, 인터넷, 홍보물 등 부스 운영과 관련된 사항 중 미비 사항이 없는지 최종 점검한다.

개막 전날 밤 늦게까지 부스 내에서 작업을 하는 업체들이 있는데 피로가 누적되면 다음날부터의 상담에 영향을 주게 되므로 작업은 가급적 일찍 끝내고 휴식을 취하는 것이 바람직하다.

04 박람회 기간 중(On-site)의 실전 마케팅 이렇게 하라

지금까지 참가 기획, 사전 마케팅, 부스 운영 준비 등 박람회 개막 전까지의 참가 준비사항에 대해 설명했다. 모든 참가 준비는 박람회 기간 중에 이루어지는 마케팅 활동을 위한 것들이다. 이제부터 박람회 기간 중의 마케팅 활동에 대해 이야기하기로 한다.

박람회 마케팅 실전 요령 | 박람회 현장에서의 마케팅 활동은 3~4일간의 짧은 기간 중 세계 각국의 수많은 바이어들을 상대로 집중적으로 이루어지며 또한 경쟁업체들과 한 장소에서 비교 평가되는 입장에서 이루어진다는 점에서 일반 마케팅 활동과 차이가 있다. 박람회 마케팅 활동은 박람회를 매개로 이루어지는 만큼 박람회의 특성을 잘 감안하여야 한다.

1. 상담은 박람회 기간 중 신속히 완결한다

바이어가 물어보면 가격이나 스펙에 대해 즉답이 나오지 않고 나중에 알려 주겠다는 식의 소극적인 상담자세로는 박람회장에서 상담을 성사시키기 힘들다. 바이어는 짧은 출장 기간 중 상담을 마무리해야 하기 때문에 기다려 줄 시간적 여유가 없다. 박람회장 내에서 구체화되지 못한 상담은 추후 거래로 연결시키기가 쉽지 않다. 또 상담 요원에게 가격 협상 등 상담 시 권한이 부여되어 있지 않은 경우 박람회장 내에서 신속한 상담 진행이 어렵다. 해외에서 국내에 있는 윗사람에게 일일이 물어보고 하다 보면 바이어는 이미 떠난 뒤다. 따라서 웬만한 상담 권한은 상담 요원이 가지고 신속하게 상담을 추진하는 것이 바람직하다.

2. 객관적 입장에서 자사 제품을 설명한다

바이어들에게 자사 제품에 대한 설명을 할 때 대체로 너무 주관적인 경향이 있는데 심하면 자화자찬이 되고 만다. IT업체들이나 회사 역사가 오래된 제조업체들에게 이런 성향이 많다. 자기 제품에 대해 자부심을 갖는 것은 좋지만 자기제품이 가장 신제품이고 기술적으로 최고라고 일방적으로 주장하게 되면 바이어들에게 거부감을 줄 수 있다. 여타 경쟁업체들과 비교한 객관적이고 기술적 수준이나 설득력 있는 수치를 제시해가며 자사제품의 우수성을 설명할 필요가 있다.

3. 제품의 특성을 잘 소개한다

대표적인 몇 가지 제품을 중심으로 자사 제품의 특성이나 독특한

기능을 소개시키는데 주력하는 것이 효과적이다. 자사제품이 평범한 제품이라고 하더라도 기능과 품질 면 등에서 어느 한 가지 다른 제품과 비교해 특징이 있으면 이 점을 잘 설명하도록 한다. 유명 박람회일수록 너무 볼 것이 많기 때문에 평범하다 싶은 전시품은 방문객들의 주목을 잘 받지 못한다. 또 제품에 대한 설명은 짧은 시간에 압축적으로 소개하도록 한다.

4. 신규 바이어는 직접 만나 실체를 확인한다

3~4일간의 짧은 박람회 기간 중 만나야 할 바이어가 많다는 이유로 만날 바이어 수를 제한하는 업체들을 가끔 보게 된다. 박람회 사전 준비 단계에서 그저 그런 바이어인 것같아 만날까 말까 망설였던 바이어가 아주 알짜배기 바이어인 것을 부스에서 상담하는 과정에서 알게 되어 참 다행이다 싶은 경우가 종종 생긴다.

그 반대로 중요한 바이어로 생각했던 바이어가 정작 만나고 보니 그저 그런 바이어인 것을 알고 실망하게 되는 경우도 있다.

이와 같이 사전 예상이 빗나가는 경우가 종종 생기므로 확인해 볼 필요가 있는 신규 바이어에 대해서는 바이어를 직접 만나 확인하는 것이 바람직하다.

5. 바이어의 관심사항과 성격을 잘 파악한다

바이어가 부스에 들어오자마자 기다렸다는 듯이 따라붙어 일방적으로 제품이나 회사 소개를 하는 것은 오히려 바이어에게 부담을 줄 수 있다. 우선은 바이어가 전시된 제품을 충분히 살펴보게 하면서 바이어의 관심사항이 무엇인지를 파악하려고 노력한다. 그러나 너무 오랫동안 내버려 두면 관심을 못 받고 있다는 느낌을 받을 수 있으므로 상담 요원의 도움이 필요하다는 느낌이 들게 되면 바이어와 대화를 시작하도록 한다.

내방 바이어의 명함을 받아보면 방문자의 지위나 회사규모 등은 어느 정도 가늠해 볼 수 있다.

관련업계에 꽤 알려진 바이어와는 바로 상담에 들어갈 수 있고 상담결과도 구체적이다. 그러나 잘 모르는 바이어에 대해서는 상담을 시작하면서 바이어 성격이 어떤지 파악하는데 신경을 쓰도록 한다. 예를 들어 바이어의 주요 비즈니스와 연간 구매 규모가 어느 정도인지? 수입상인지 도매상인지? 현재 거래하고 있는 업체는 어느 곳인지? 회사상태나 신용 정도는 어떤지? 등과 같은 바이어에 관한 기본적인 것들이다.

또한 바이어의 관심이 주로 어디에 있는 지도 눈여겨 보도록 한다. 예를 들면 구매 상담보다는 제품의 기술적 부분이나 가격 등과 같은 정보수집에 더 관심이 많은 경우도 있고, 상담하자마자 에이전트 계약부터 하자고 한다든지, 수입절차도 잘 모르는 것같은데 주문하려고 하는 양이 턱없이 많은 경우도 있는데 이런 것들을 통해 바이어가 제대로 된 바이어인지 아닌지를 파악할 수 있다. 내방 바이어에 대한 성격 파악은 바이어의 실체를 파악하고 효과적으로 상담을 추진하는데 기본 정보가 된다.

6. 부스 방문객을 적절히 응대하는 요령이 필요하다

박람회 기간중 부스에는 수많은 사람들이 방문하게 된다. 방문객중에는 중요한 바이어 뿐만 아니라 그저 그런 바이어, 정보파악이 목적인 경쟁업체 그리고 일반인들까지 다양하다. 3~4일간의 짧은 박람회 기간중 이들 방문객들을 동일한 태도로 응대한다는 것은 사실상 어렵다. 따라서 방문객들의 성격을 재빨리 파악해서 그에 맞게 응대하는 요령이 요구된다.

박람회에 많이 참가한 경험이 있는 경우 처음 만나는 방문객이라고 하더라도 몇 마디만 던져 보아도 방문객의 성격을 쉽게 식별할 수 있는 안목을 갖게 된다.

좋은 바이어라고 판단되면 적극적인 상담 활동이 필요한 것은 물론이다. 그러나 그렇지 못한 방문객이라고 판단되면 방문객의 문의사항에 친절하면서도 간결하게 응대하는 선에서 마무리하도록 노력한다.

그러나 너무 소홀히 응대하여 방문객이 기분을 상하지 않도록 배려한다.

미국이나 유럽에서 개최되는 유명 B2B 박람회는 입장료가 미화 100불 가량이나 되는 박람회도 있기 때문에 박람회를 꼭 방문해야 하는 사람들이 아니고서는 입장할 엄두를 못 낸다. B2B 박람회를 방문하는 바이어에 대해서는 입장권이 사전에 제공되므로 이러한 박람회 방문객들은 대체로 박람회와 관계되는 비즈니스맨들이다. 그러나 특히 개도국에서 개최되는 박람회의 경우 대부분 방문객이 일반인들이므로 일일이 부스 방문객을 응대하는 데는 어려움이 많다.

7. 거래계약을 맺는데 너무 조급하지 않도록 한다

박람회에서 처음 만난 바이어와 상담을 해서 바로 계약 체결로 들어가는 것은 흔한 일이 아니다. 소액오더나 일반 잡제품의 경우는 박람회장에서 쉽게 계약이 되기도 하지만 대개의 경우는 그간 진행되어오던 상담 건이 박람회에서 계약으로 골인하는 것이다. 따라서 처음 만난 바이어와는 상담의 첫 단추를 잘 끼우는데 주력하도록 한다.

어떻게 하든지 계약으로 연결하기 위해 거래조건을 무리하게 낮추어 오퍼한다든지 바이어를 너무 채근해서는 안 된다. 계약을 맺는데 너무 조급하다는 느낌을 바이어에게 주게 되면 바이어가 부담을 갖게 되어 상담에 오히려 역효과가 될 수 있다. 박람회에서 상담한 건이 한두 달 내로 바로 계약으로 연결될 수도 있고 다음해 박람회에서야 결실을 보게 되는 경우도 많다. 박람회에 처음 참가하는 사람들이 거래성과에 대해 큰 기대를 가지고 참가하는 경우를 많이 보는데 처음부터 너무 큰 기대는 하지 않는 것이 좋다.

어떻게 보면 박람회는 Tradeshow란 말 그대로 Show일 뿐이다. 박람회는 전시와 상담을 위한 장소이지 계약을 보장해 주는 곳은 아니다.

박람회에서 계약이 이루어지지 않더라도 실망하지 말아야 하며 상담 자체를 어떻게 잘 진행시키고 Follow-up 하느냐에 따라 나중에 상황이 크게 달라질 수 있다.

8. 박람회 기간을 기존 바이어들과의 관계를 강화하는 기회로 삼는다

박람회에서 신규 바이어를 물색하는 데만 너무 몰두해서는 안 된다.

특히 기존 바이어들의 내방이 많은 박람회인 경우 기존 바이어들과의 관계를 집중적으로 강화하는 기회로 박람회를 활용하는 것이 바람직하다. 기존 바이어들이 박람회를 방문하는 목적은 혹시 더 좋은 공급선이 없는지, 무언가 새로운 제품이 없는지 하는 것이기 때문에 이들은 자기회사로 묶어 두고자 하는 노력을 소홀히 해서는 안 된다.

신규 바이어에 신경을 쓰는 사이 기존 바이어는 다른 데로 가버릴 수가 있다. 기존 바이어는 조금만 신경 쓰면 계속적으로 좋은 고객으로 만들 수 있지만 신규 바이어를 기존 고객으로 만드는 데는 많은 시간과 노력이 소요된다. 신규 바이어를 발굴하는 것은 하나의 플러스 알파 정도로 생각하는 것이 필요하다.

9. 유망 바이어와는 친해지려고 노력한다

박람회는 한꺼번에 수많은 바이어들을 만나 상담할 수 있는 자리이기도 하지만 활용하기에 따라서는 짧은 시간에 여러 바이어들과 친해질 수 있는 기회가 될 수도 있다. 따라서 박람회 기간 중

가급적 많은 바이어들과 가까워지고자 하는 노력이 필요하다. 부스에서 짧은 시간 동안 이루어지는 상담은 그저 비즈니스일 뿐 그 이상은 아니다. 유망 바이어다 싶으면 저녁식사 약속과 같은 개인적인 친교 기회를 마련하여 인간적인 관계성을 높이는 것이 좋다. 바이어와의 인간적 유대관계는 상담진행을 촉진시키고 바이어와의 관계를 부드럽게 유지시켜 주는 데도 크게 도움이 된다.

몇 년 전 부산에서 개최된 섬유전에 참가업체로 참가했던 부산 소재 어느 섬유업체는 자사 부스와 개막리셉션 등에서 만난 외국 바이어들을 초청하여 상담 다음날 부산시내 관광과 산업시찰 기회를 마련하였다. 물론 관광코스에는 자연스럽게 자사공장 방문 일정도 포함되어 있었다. 자사공장 방문 시에는 자사에서 생산하고 있는 다양한 제품과 회사 생산시설을 바이어들에게 보여 주었다. 바이어들은 그 업체의 친절한 대접과 적극적인 상담 자세를 높이 평가하게 되었고 회사방문 과정에서 기대하지 않은 상담이 여러 건 성사되었다. 그 국내업체는 적은 비용으로 여러 외국 바이어들과 가까워질 수 있었고 좋은 상담실적도 거둘 수 있었다.

10. 전자 카탈로그와 전자 견적 시스템을 활용한다

최근 들어 전자 카탈로그와 전자 견적 시스템을 활용하는 국내

업체들이 늘고 있는데 이 분야도 우리나라가 다른 나라에 비해 강한 분야이다. 박람회 참가 시에 가져가는 샘플의 양은 한계가 있다. 일반 소비제품은 디자인이나 색상별로 다양하여 모든 샘플 전시가 어렵고 기계류는 중량품이기 때문에 보통 한두 점 전시에 그치게 된다.

그러나 전자 카탈로그를 활용하면 회사에서 생산되는 모든 제품을 효과적으로 소개할 수 있고 전자 견적 시스템에 의해 박람회 현장에서 즉각적인 오퍼가 가능하다. 최근 미국의 어느 하드웨어 박람회에 참가한 국내 어느 업체는 바이어들과의 상담 시 전자 카탈로그와 전자 견적 시스템을 처음 활용해 보았다. 전자 카탈로그를 써 보니 전시되지 않은 샘플도 노트북 화면으로 즉시 보여 줄 수 있었고 3D로 제품을 보여 주니 효과가 더욱 좋아 전자 카탈로그를 준비해 오기 잘했다는 생각이 들었다. 바이어도 매우 좋아하는 표정이었고 덕분에 상담도 신속히 잘 진행되었다.

11. 바이어와의 언어소통이 원활치 못할 경우

영어를 어느 정도 구사한다고 하지만 지역마다 영어 표현이 다르고 사투리가 많기 때문에 바이어가 물어보는 사항에 대해 동문서답을 하거나 상담이 엉뚱한 방향으로 진행되는 경우도 있다. 예를 들어 호주의 경우는 Australian English라 할 정도로 영어를 잘 해도 호주 영어를 이해하는 것이 쉽지 않다. 이런 경우 주변에 영어에 능통한 사람에게 도움을 청하거나 미심쩍은 사항은 바이어에게 일일이 재확인한 후 상담을 진행해야 한다.

12. 직설적인 표현으로 바이어들의 기분을 상하게 하지 않는다

바이어의 개인적인 사항을 물어 본다든지, 정치, 종교 등 민감한 사항이나 바이어의 비관심 분야는 얘기하지 않는 것이 좋다. 날씨 이야기로 대화를 시작하여 상담에 관계되는 사항 위주로 대화를 이끌어 가는 것이 무난하다. 외국인들을 보면 대체로 날씨나 조크로 얘기를 시작하는 것을 많이 보게 된다. 또 상담 후 저녁에 술자리를 강권한다든지 생활습관이나 문화의 차이를 인정하지 않고 자기 식을 고집하는 것은 바이어들에게 부담을 준다.

13. 방문객이 흥미를 느끼도록 Demonstration 한다

박람회는 어차피 Show적인 면이 강하다. 박람회나 제품의 성격에 따라서는 실제로 전시품을 Demonstration하지 않으면 바이

시드니 식품 박람회에서의 Demonstration 장면

어의 관심을 유발할 수 없는 경우가 많다. 이런 경우 바이어가 직접 보고, 만지고, 느끼거나 작동해 볼 수 있도록 준비하는 것이 필요하다.

전시품을 단순 진열하는 것보다는 Demonstration을 통해 제품의 성능이나 특성, 사용법 등을 현장에서 바로 확인시켜 줄 수 있다. 또 Demonstration할 때는 따분하게 할 것이 아니라 방문객들이 아주 흥미롭게 느끼도록 하는 것이 보다 효과적이다. 신소재 제품이나 신규 개발품목의 경우는 기존 제품과의 차이를 Demonstration을 통해 설명해 주면 크게 도움이 된다. 전자전, 하우징쇼 등 소비재 박람회는 Demonstration 시 비용이 좀 들더라도 현지의 Demonstration 전문 에이젠트를 이용하는 것이 효과적이다. 기계나 중장비 박람회의 경우 브로슈어나 화면으로 작동 모습을 보여 줄 것이 아니라 전시부스 또는 박람회장 일정 장소에 Demonstration Area를 만들어 바이어가 직접 조작해 보도록 하는 것이 좋다.

우리나라 모터쇼를 가보면 각 자동차 메이커부스마다 한결같이 자동차와 도우미들로 채워지고 있는데 외국 유명 모터쇼의 최근 추세는 전시장 일부에 무대를 설치하여 짧은 연극이나 퍼포먼스 형태로 보다 재미있게 자동차를 소개하는 프로그램을 곁들이고 있다. 예를 들어 어느 가정이 여행을 떠나면서 겪게 되는 자동차와 관련된 Story를 아주 재미있고 상징적인 퍼포먼스로 표현하는 것이다.

또 한 가지 사례를 들면 몇 년 전 Micro Fiber Mop(부엌용 자루걸레)을 생산하는 국내 어느 중소기업이 시드니 Home Show에 참가했다. Micro Fiber Mop은 마치 마법의 걸레처럼 기름때나 크레용까지도 금새 지울 수 있도록 극세사를 소재로 만든 걸레이다. Micro Fiber Mop은 제품 성격상 Demonstration을 통해 그 성능과 용도를 실제로 보여 주어야 하기 때문에 현지의 경험 많은 전문 Demo Agent를 활용하게 되었다. 판매액의 20%를 수수료로 주기로 했더니 그 Demo Agent도 제품 선전에 온갖 실력을 다 발휘했다. 그 결과 Micro Fiber Mop의 성능을 눈으로 직접 확인한 방문객들로 그 부스 앞에는 줄을 이을 정도가 됐고 바이어들도 이러한 모습을 보고 더 많은 주문을 내게 되었다.

14. 숙련된 Operation이 필요하다

특히 IT제품이나 기계류의 경우 박람회에서 제품의 성능을 바이어에게 효과적으로 보여 주는 것이 매우 중요하다.

때때로 박람회에서 제품의 성능이나 기능을 제대로 이해하지 못하거나 서툴게 조작하여 제품이 가진 기능을 박람회에서 제대로 보여 주지 못하는 바람에 새로운 좋은 제품인데도 불구하고

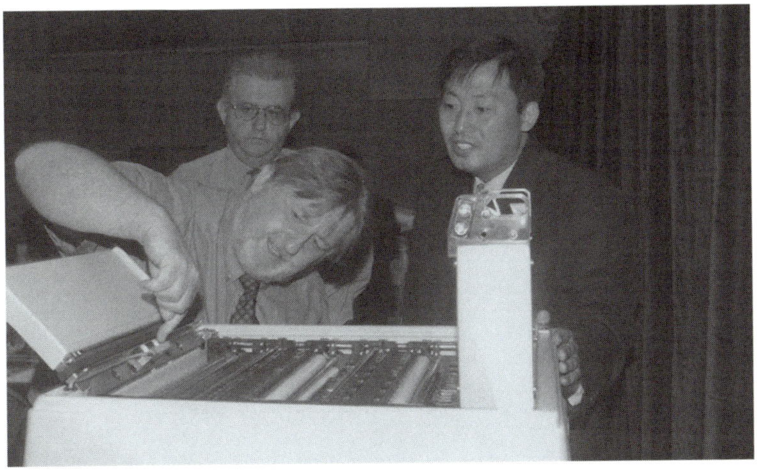

바이어의 흥미를 끌지 못하는 경우가 종종 발생한다.

반면에 시중 상점에 있는 제품과 별 차이가 없는데도 숙련된 Operator가 잘 정리된 멘트와 함께 자유자재로 능숙하게 시범을 보임으로써 바이어들의 관심을 끌고 구매를 유도하기도 한다. 같은 상품이라고 하더라도 Operator에 따라 상담성과에 큰 영향을 미칠 수 있다. 해외 박람회에는 엔지니어보다는 영업부서 직원이 주로 파견되어 제품의 기능에 완전히 숙지가 안 되는 경우가 생긴다. 세일즈 요원이 제품 Operation에 자신이 없을 경우는 별도의 기술 요원을 파견하는 것이 바람직하다.

15. 전시물의 내부를 효과적으로 보여 준다

전시품에 따라서는 내부를 입체감 있게 보여주는 것이 필요하다.

시드니 자동차 박람회의 전시품

박람회에서 전시품의 단면을 잘라서 내부를 보여 주는 업체를 종종 볼 수 있는데 이것도 좋은 전시방법 중 하나이다.

자동차나 기계류 같은 품목의 경우 내부를 투명하게 만들거나 단면을 잘라서 내부부품의 정교함, 안전성, 작동모습 등을 보여 주면 카탈로그를 통해 말로 설명하는 것보다 훨씬 이해가 쉽고 보기에도 흥미로워 바이어의 주목을 잘 끌 수 있다.

어느 보일러 제조업체의 경우 보일러 통의 내부단면을 잘라서 전시했는데 타사 제품과 기술적으로 어떻게 다른지를 바이어들에게 효과적으로 설명하는데 크게 도움이 되었다.

독일 최대의 자동차부품 메이커인 Bosch는 프랑크푸르트 자동차부품 박람회(Automechanika)에서 차체가 투명한 자동차에 자사가 생산하는 모든 자동차부품을 장착하여 전시함으로써 얼마나 많은 자동차부품이 Bosch에서 생산되는지를 효과적으로 보여주었다.

16. 카드 리더기를 잘 활용한다

최근 들어 박람회에서 출입증의 바코드를 읽어 방문객에 대한 정보를 파악하는 카드 리더기(Lead Retrieval System) 사용이 증가하고 있는 추세이다. 유럽지역 박람회의 경우는 아직까지 부스 내에서의 카드 리더기 사용이 보편화되어 있지 않다. 그러나 미국 지역의 경우 박람회에서 카드 리더기를 많이 사용하고 있다.

바이어들이 박람회 참관 등록 시 상세한 정보를 기록하기 때문에 바이어가 부스를 방문할 때 카드 리더기를 이용하면 바이어에 대한 정보를 쉽게 파악할 수 있고 박람회가 끝난 뒤에는 내방바이어에 대한 데이터베이스로 활용하는데 도움이 된다.

17. 상담일지를 활용한다

바이어가 건네는 명함에 간단히 상담내용을 메모하는 것이 전부인 상담 요원들이 종종 있다. 나름대로 포맷을 만들어 상담일지를 준비해 가지고 가는 것이 좋다. 상담일지에 바이어와의 주요 상담 내용, 조치 필요사항, 특기사항 등을 상세히 기록해 놓으면 직원이 바뀌더라도 상담 Follow-Up 시 많은 참고가 될 것이다.

○○○ 박람회 상담일지

일시	년 월 일
상담 요원 소속 / 성명	
상담업체	
전화 / 팩스	
Website / 이 메일	
주소	
상담 바이어 직위 / 성명	
상담 내용	
조치 필요 사항	
특기사항	

18. 박람회의 시상기회를 활용한다

한국 업체들은 박람회 기간 중에 주최측이 주는 시상기회를 잘 활용하지 못하는 것 같다. 외국의 모든 박람회가 다 그렇지는 않지만 일부 박람회는 박람회의 질적 향상을 도모하기 위해 그 해의 우수 참가업체들을 선정하여 'New Products Award', 'Professionals Award', 'Best Design Award' 등을 수여하는 시상행사를 갖는다. 이러한 시상행사는 박람회 전체 칵테일 행사

뉴렌버그 완구 박람회 시상관련 내용

때 주로 개최되고 많은 업체들이 참가하게 된다.

시상행사가 있는 박람회의 경우 상을 수상하게 되면 자연스럽게 제품의 품질을 공인받게 되고 협찬기관이 주는 각종 특전도 받게 된다. 특히 자기제품이 신제품이나 새로운 디자인 제품인 경우에는 참가하는 박람회에 이런 시상기회가 없는지 한번 잘 알아보고 미리 신청해 보는 것도 바람직하다.

독일 뉴렌버그 완구 박람회의 경우 Technology, Education 등 9개 부문으로 나누어 Innovation Award를 시상하고 있고 여기서 선정된 제품들은 박람회 기간 중 Innovation Center에 특별

전시되는 기회를 제공하고 있는데 이와 같은 시상기회는 박람회 기간 중 상담에 좋은 영향을 미치게 된다.

한국의 어느 실내 건축자재 생산업체는 최근 호주의 유명 박람회인 Melbourne Design Ex 박람회에 참가하였는데 박람회 주최측이 매년 우수제품 출품업체에게 상을 시상한다는 것을 알고 박람회 참가신청 시에 주최측에 수상 심사 신청도 함께 하였다. 크게 기대하지 않았으나 주최측으로부터 'New Products Award' 업체로 선정되었다는 통보를 받고 사전에 신청해 보기 잘했다는 생각을 하게 되었다. 시상식은 많은 관련업체 인사들이 참석한 가운데 개최되었는데 그 결과 그 한국업체는 자연스럽게 회사 성가를 높이는 계기가 되었으며 상패와 함께 부상으로 관련 잡지에 5,000달러 상당의 무료 광고도 할 수 있게 되었다. 외국 유명 박람회에서의 이러한 수상 실적은 앞으로 계속해서 회사 홍보용으로도 요긴하게 활용할 수 있게 된다.

19. Networking 행사에 적극 참여해서 업체관계자들과의 친교에 힘쓴다

매년 시드니에서 개최되는 소비재 전자전의 경우 박람회 주최측이 소비재 전자제품 관련 전문 잡지사 및 대기업체들로부터

박람회에서의 세미나 장면

Sponsorship을 받아 박람회 기간 중 매년 시상식을 개최하고 있다. 시상식에서는 소비자 인기제품상, 신제품상, Model 및 디자인상, Best Technology상 등 여러 분야로 나누어 참가업체에게 시상을 하고 일반 참가자들에게는 경품도 나누어 준다. 또 시상 내용을 스폰서한 잡지에 상세히 소개하여 시상받은 업체들이 앞으로 판촉 활동을 하는 데도 큰 도움을 주게 하고 있다.

이 행사 이외에는 업계관련 인사들이 동시에 한자리에서 만날 수 있는 기회가 거의 없기 때문에 시상식에는 많은 참가자들이 참석하고 있고 또 좋은 친교의 장소로 활용되고 있다.

또, 호주 와인 박람회에서는 박람회 주최측이 와인협회 등의 협조를 얻어 매년 『Wine of the Year』 시상식을 개최하고 있다. 시상식에서는 참가업체 중 우수 와인을 출품한 와인생산업체에게

금, 은, 동메달을 수여하는데 와인업계로서는 메달 수여 자체가 영예이고 앞으로 판매 활동에 큰 영향을 미치게 되는 만큼 시상식이 매우 중요한 행사로 인식되고 있다. 시상식에는 와인업계 인사들이 빠짐없이 참석하게 되므로 시상식이 와인업계 인사들 간에 자연스런 Networking 장소로 활용되고 있다.

전시주최자들이 개최하는 Networking 행사는 이러한 시상식이나 리셉션, 세미나 등 제한적인 경우가 많으므로 공동관 참가 주관기관이나 참가업체 스스로 박람회에서 Networking행사를 개별적으로 만들어 보는 것도 아주 좋은 방법이다.

매년 5월 초 개최되는 시드니 CeBIT의 경우 Queensland 주정부는 관내 E-Business업체들로 참관단을 구성, 파견하고 있다.

Queensland 주정부는 CeBIT 기간 중 참가업체나 바이어, 산업계 인사 중 Queensland 주 업체들과의 비즈니스에 도움이 될 수 있는 업체들을 초청하여 관내 E-Business업체 소개를 겸한 조찬모임을 갖고 있는데 성과가 좋다고 한다. 이것은 박람회를 활용하여 정부기관이 주최한 효과적인 Networking 행사의 사례라고 할 수 있다.

박람회에 따라서는 전문 에이젠트가 제한된 수의 주요 참가업체와 바이어들의 Networking을 위한 만찬기회를 유료로 주선하기도 하는데 이러한 기회를 잘 이용하는 것도 좋은 방법이 될 것이다.

20. 지식산업 관련 분야는 사전 홍보에 노력한다

IT, BT, ET 등의 신기술 또는 신제품 분야 소개를 위해서는 사전 홍보가 중요하다. 사전 홍보를 잘하기 위해서는 독특한 아이디어가 빛을 발하는 경우가 많다. 체력관리 Solution을 생산하는 어느 외국업체는 스포츠용품 박람회에 참가하여 Solution 내용 설명을 위한 세미나를 병행 개최하였다. 세미나에 참석업체 유치를 위해서는 초청장만 보내는 것이 보통이다.

그러나 그 외국업체는 세미나에 보다 많은 업체들을 유치하기 위해 단순히 초청장만 보낸 것이 아니라 자사의 Solution 개요와 Solution 샘플을 CD로 제작하여 초청장과 함께 보내어 호기심과 궁금증을 유발시키게 했다. 그 결과 세미나 참석률도 기대 이상이었고 상담 성과에도 큰 영향을 미쳤다.

21. 상담 준비물을 잘 챙긴다

박람회에 참가하는 상담 요원이 명함이나 카탈로그를 안 가져오는 경우를 의외로 많이 보게 된다. 이유는 출국 준비에 쫓긴 나머지 깜빡했던 것이다. 현지에서 어쩔 수 없이 복사라도 해서 쓰지만 바이어와 만날 때면 명함 때문에 왠지 신경이 쓰이게 되는 것이다. 또 샘플을 제대로 준비해 오지 않아서 정작 바이어가 찾는 샘플은 보여 주지 못해 안타까워하는 경우도 생긴다. 샘플도 여유있게 준비하는 것이 좋다.

22. 좋은 박람회다 싶으면 꾸준히 참가한다

좋은 박람회라고 해서 참가해보니 성과가 별로 없는 것 같아 다음 해에는 참가하지 않는 경우가 많은데 왜 성과가 없었는지 한 번 철저히 분석한 후 결정하는 것이 필요하다.

또 어느 정도 성과를 거뒀다고 참가를 중단하는 것도 좋은 방법이 아니다. 같은 박람회를 매년 방문하는 바이어들은 같은 박람회에 꾸준히 참가하는 업체에 신뢰성을 갖는다.

박람회 참가가 들쭉날쭉하게 되면 그 업체 내부에 무슨 문제가 있지 않나 하는 느낌을 바이어에게 주게 될 수도 있다.

따라서 이거다 싶은 박람회는 매년 지속적으로 참가하는 것이 좋고 그러다 보면 박람회를 방문하는 웬만한 바이어들을 다 알게 된다.

23. 성격이 조금 다른 박람회도 참가 가능성을 검토한다

품목 성격이 조금 다른 박람회도 품목에 연관성이 있는 경우 의외로 좋은 성과를 거둘 수 있다. 예를 들어 가정용품 박람회에 출품한 품목이지만 식품과도 관련성이 있는 경우 식품 박람회에 참가해 볼 수도 있다.

Micro Fiber Mop(극세사로 된 부엌용 자루 걸레)을 생산하는 한국 D 업체의 호주 에이전트는 호주 내의 주요 도시에서 개최되는 가정용품 박람회마다 참가하여 좋은 성과를 거두던 중 식품 박람회에서도 Micro Fiber Mop을 출품해 보면 아마 좋을 것이라는 생각을 하게 되었다. Micro Fiber Mop이 부엌용품이니까 식품 박람회에서도 관심을 끌 수 있다고 생각했기 때문이다. 식품 위주의 박람회에서 방문객들의 시선을 끌어 모으고 Micro Fiber Mop의 기능을 잘 선전하기 위해 Demonstration까지 곁들였고, 그 결과 많은 방문객의 관심을 끌 수 있어 의외로 좋은 성과를 거둘 수 있었다. 식품 박람회에서 Micro Fiber Mob이 주문을 많이 받은 이유는 Micro Fiber Mop이 주방에서도 필요한 품목이고 또 식품 박람회와도 전혀 동떨어진 품목이 아니었기 때문이었다. 이에 힘을 얻어 이 호주 에이전트는 파생 품목인 Micro Fiber Towel(수건)을 가지고 생활용품 Show뿐 아니라 Fitness Show에도 출품하였다.

24. 시간나는대로 다른 외국 참가업체 부스를 둘러본다

박람회 기간 내내 자기 부스만 지키고 있는 것은 바람직하지 못한 방법이다. 부스 내에서의 상담도 중요하지만 박람회 전체 분위기를 파악하면서 다른 업체부스를 둘러보는 것도 중요하다. 다른 참가업체들과 얘기하는 과정에서 뜻밖에 상담이 진행되는 경우도 있고 거래동향 등에 관해 그들의 의견을 들어보는 것도 좋은 참고가 된다. 경쟁업체에 접근하는 것을 부담스러워 할 필요는 없다. 경쟁업체라 하더라도 솔직히 얘기하다 보면 기대하지 않았던 정보를 들을 수도 있고 친해지기도 한다.

25. 전시상품은 박람회 마지막 날 처분한다

Spot Sale이 허용되지 않는 Trade Only Show 에서 박람회 첫날부터 전시상품을 팔아 치우는 업체들이 있다. 해외 유명 박람회일수록 이러한 행동을 엄격히 규제하기 때문에 박람회 주최자가 알게 되면 주의를 받게 되고 심한 경우 블랙 리스트에 올라 차년도 부스 배정 시 배제될 수도 있다. 다른 바이어들의 눈에도 이러한 행동은 그렇게 좋아 보이지 않는다. 전시상품을 처분하려면 사전에 예약을 받아 두었다가 박람회가 끝날 때쯤 내 주는 것이 좋다.

박람회에 참가하기 전부터 전시상품을 팔 계획을 갖고 있다면 정식으로 수입통관 절차를 밟는 것이 필요하다. 또 관세를 내지 않고 몰래 판매하는 사람들도 있는데 소문이 나면 세관원으로부터 감시를 받게 된다.

박람회 상담 요원이 지켜야 할 수칙

상담 요원의 좋은 자세와 매너는 바이어와의 상담을 성사시키는 데 뿐만 아니라 회사 이미지에도 많은 영향을 미친다. 다음 사항들은 지극히 상식적인 사항이라고 생각할 수도 있지만 해외 박람회에서 상담 요원이 꼭 갖추어야 할 기본적인 것들이다. 박람회 참가 요원들이 기본적인 일에서 서툴러 참가 성과가 반감되는 경우도 많다.

Rule 1 상담 요원은 박람회에서의 활동요령을 꿰고 있어야 한다

상담 요원은 단순히 부스를 지키고 관리하는 사람이 아니다. 바이어가 별로 안 온다고 우두커니 부스만 지키고 있는 상담 요원을 가끔 보게 된다. 사전에 준비가 부족했기 때문이라고 생각된다. 상담 요원은 박람회에서의 활동요령을 꿰고 있어야 하며 상담활동 계획과 목표까지도 스스로 세우고 있어야 한다. 박람회에 왜 참가하는지, 내가 할 역할은 무엇인지 모르고 막연히 출장 나왔다면 그 상담 요원에게서 큰 성과를 기대하기 어려울 것이다.

Rule 2 상담 요원은 Pro-mind의 세일즈맨이어야 한다

경험 없는 직원이 혼자 나와 바이어들의 질문에 쩔쩔매는 모습을 간혹 보게 된다. 박람회 상담 요원은 전문적인 제품지식과 상담 경험을 갖추고 있어야 한다. 해외 유명 박람회에는 제품지식과 상담경험이 풍부한 그 분야에 내놓으라 하는 세일즈맨들이 각 부스마다 포진하여 경쟁적으로 상담 활동에 임하고 있다. 이들과 경쟁하기 위해서는 유능한 상담 요원 파견이 필수적이다. 내방 바이어들은 짧은 시간에 구체적으로 상담을 진행시킬 수 있는 경험 있는 상담 요원을 원한다. 따라서 비중 있는 박람회의 경우에는 가급적 회사대표가 직접 참가하는 것이 바람직하고 회사대표의 참가가 어려운 경우는 경험 있는 간부를 파견하는 것이 필요하다.

Rule 3 상담 요원은 성실한 자세로 상담 활동에 임하도록 한다

박람회 참가를 반은 휴가처럼 생각하고 출장오는 상담 요원들이 있다. 하루 이틀 동안에 대충 상담을 마무리했다고 생각하여 아무것도 모르는 현지의 임시 보조원에게 부스를 맡겨 놓고 개인용무 처리를 위해 부스를 비우는 경우를 종종 보게 된다. 상담 요원이 부스를 비운 사이 중요한 바이어가 와서 그냥 가버리고 마는 경우도 있다. 현지 에이전트가 있는 경우 부스 운영을 에이전트에게 맡기고 박람회 출장의 많은 부분을 휴가처럼 보내는 상담 요원들도 있다. 에이전트가 할 역할이 있고 상담 요원이 할 역할이 따로 있다. 또한 직원교육 차원에서 직원을 박람회에 파견하는 기업들도 있는데, 직원교육을 위해서라면 교육인원은 과외로 파견하는 것이 좋은 방법이다.

Rule 4 분위기가 부드러운 부스가 되도록 한다

방문객들은 예고 없이 부스를 찾기 때문에 언제든지 방문객들을 맞이할 준비를 하고 있어야 한다. 부스 내에서는 언제나 부드러운 미소를 띠고 적극적인 자세로 방문객을 맞아야 한다. 외국 업체들에 비해 한국 업체 부스의 분위기는 사무적이고 딱딱한 감을 많이 느끼게 한다.

유럽 박람회의 분위기는 전반적으로 부드럽고 자유스럽다. 음

프랑크푸르트 소비재 박람회
참가업체 부스 내의 바

료서브는 기본이고 좀 큰 회사의 경우는 부스 한켠에 스낵코너나 바를 설치해서 방문객에게 음식을 접대하는 곳도 많다. 마치 먹어가면서 그리고 즐겨가면서 상담을 한다고나 할까… 보기만 해도 분위기가 좋을 것 같고 상담도 잘 될 것 같이 느껴진다. 그리고 박람회 마지막 날 끝날 때쯤에서는 수고들 했다고 상담 직원들끼리 한잔씩 하느라 부스마다 왁자지껄해서 축제와도 같은 분위기가 느껴진다.

Rule 5 부스를 비워서는 안 된다

담배를 피러, 식사하러, 다른 부스에 볼 일이 있어서 등등의 이유로 부스를 자주 비우는 상담 요원을 보게 된다. 부스를 비운 사이 정작 중요한 바이어가 왔다가 그냥 가버릴 수 있기 때문에 부스를 비워서는 안 된다. 심지어 어떤 상담 요원은 부스에서 바이어와 만나기로 한 약속을 잊어버리고 부스를 비워 바이어들이 어이없어 하는 경우도 있다.

Rule 6 비즈니스 복장이 좋다

박람회장은 관광여행지가 아니라 바이어들과의 상담이 집중적으로 이루어지는 비즈니스 장소이다. 따라서 부스 내에서는 캐주얼 복장은 어울리지 않는다. 어떤 업체들은 박람회 참가도 여행 기간 중 이루어지는 활동이라 생각하고 점퍼 차림으로 나오기도 하는데 이것은 본인에게는 편할 지 몰라도 방문객들에게 좋은 인상을 주지 못한다. 또 튀는 옷차림으로 방문객들이 상담보다는 그 상담 요원의 옷차림만 기억한다면 문제가 있다.

요즘은 회사 이름이나 로고가 인쇄된 Fancy한 유니폼을 상담 요원들에게 착용시키는 참가업체들이 크게 느는 추세이다. 어떤 업체들은 상담 요원들의 넥타이만 같은 것으로 통일시켜 상담 요원의 Identity를 강조한 경우도 있다. 유니폼의 장점은 부스 내에 많은 사람들이 몰려 있더라도 방문객들이 상담 요원을 쉽게 식별할 수 있고 유니폼을 통해 회사 이미지를 부각시킬 수 있는 것이다.

Rule 7 상담 요원들끼리 부스에 모여있지 않는다

협소한 부스에 너무 많은 상담 요원이 모여 있으면 방문객들이 들어오기를 꺼린다. 사람들로 꽉 차 있는 부스에 들어오는 것은 누구나 부담스럽다. 방문객들이 들어와 전시품을 살펴볼 수 있도록 여유 공간을 항상 비워두어야 한다.

Rule 8 박람회 주최자가 주는 명찰을 착용토록 한다

박람회 주최자라는 Exhibitor, Buyer 등 여러 가지로 참가자 성격을 구분하여 모든 참가자들에게 목걸이 또는 배지 형태로 된 출입증 겸 명찰을 제공

한다. 부스 내에서 명찰을 제대로 착용하지 않는 상담 요원들이 있다. 부스 내에서 상담 요원이 명찰을 착용하지 않으면 방문객들이 상담 요원을 구분하기 어렵다. 명찰은 부스 내에서 방문자를 도와 줄 수 있는 사람이란 표시이기도 하다.

Rule 9 부스 내에서 PC를 사용하거나 신문을 보지 않도록 한다

부스 내에서 열심히 PC를 사용하거나 신문 읽는데 몰두해 있는 상담 요원들을 종종 보게 된다. 부스는 상담 요원의 사무실이 아니라 바이어를 위한 상담 장소이다. 업무나 개인적인 용무는 나중에 호텔 등에서 보는 것이 좋다. 방문객들은 부스 내에서 업무로 바쁜 상담 요원을 방해하고 싶어하지 않으며 다른 부스로 발길을 돌릴 수 있다.

Rule 10 부스 내에서는 식사를 하지 않는다

방문객이 많아서, 바빠서 또는 부스를 한시도 비울 수가 없어서 등의 이유로 부스 내에서 식사를 하는 상담 요원들이 있다. 심지어는 양식이 입에 맞지 않는다고 인근 교포 식당에서 도시락을 시켜다 먹거나 컵라면, 김치 등을 먹으며 냄새를 피는 사람들도 보게 된다. 이러한 모습은 방문객을 배려하지 않는 자기편의적인 생각에서 비롯된다. 부스는 식당이 아니다. 박람회장 곳곳에 설

치되어 있는 카페테리아를 이용하면 저렴하고 간단히 점심 식사를 해결할 수 있고 그 곳에서 외국 참가자들의 대화를 들으며 박람회 분위기도 잘 느낄 수 있다.

Rule 11 멍하니 앉아 있거나 우두커니 서 있지 않는다

방문객을 반갑게 맞이 해야 할 상담 요원이 맥없이 의자에 앉아 있거나 우두커니 서 있으면 부스 분위기도 힘이 빠진 것같고 방문객도 머뭇거릴 수 있다. 바이어와 상담할 때를 제외하고는 의자에 앉아 있지 않는 것이 바람직하다. 백화점 점원들이 매장에서 앉아 있는 것을 보는 경우는 극히 드물다. 또한 서 있되 부스 내에서 우두커니 서 있는 것보다는 자연스럽게 계속 움직이는 것이 좋다. 서서 움직이면 하루 종일 부스 내에서만 활동하는 참가자들의 건강에도 좋고 부스에 생동감을 주기도 한다.

Rule 12 몸냄새로 인한 불쾌감을 주지 않도록 한다

특히 점심에 한국 음식을 먹은 뒤라든지 담배를 자주 피는 사람은 방문객에게 냄새로 인한 불쾌감을 주지 않도록 노력해야 한다. 민트나 사탕그릇같은 것을 상담 테이블 위에 비치하고 사용하거나 방문객들에도 주는 것은 좋은 방법이다. 그리고 너무 강한 냄새의 향수를 사용하여 방문객들에게 부담을 주는 것도 바람직하지 않다.

Rule 13 부스 내에서 휴식을 취하지 않는다

참가자들끼리 잡담에 열중하거나 부스 내에서 휴식을 취하는 등의 행동은 바람직하지 못하다. 피곤하다고 부스 내에서 꾸벅 꾸벅 조는 상담 요원이 있다. 부스는 휴게실이 아니다. 방문객들은 휴식을 취하고 있는 상담 요원을 방해하고 싶어하지 않는다.

Rule 14 바이어 접대용 음료를 준비한다

바이어가 오면 그때마다 자판기에 가서 음료를 빼오는 방법은 효과적이지 못하다. 가급적 냉장고를 설치해 음료나 다과를 준비해 두었다가 바이어들에게 접대하는 것이 좋다. 요즘은 음료 접대는 기본이고 큰 규모로 참가하는 업체들에 따라서는 부스 한켠에 카페테리아까지 설치해서 바이어들을 접대하면서 상담하기도 한다.

Rule 15 기타

1__부스 내에서 휴대폰 사용을 자제하는 것이 좋다. 잦은 휴대폰 사용은 방문객을 짜증스럽게 만든다.

2__상담 시 너무 큰 소리로 말해 바이어가 거북해 하지 않도록 한다.

3__부스 내에서는 껌을 씹지 않는다.

박람회 참가업체의 마케팅 성공 스토리

경기 침체기에도 독특하고 치밀한 전략을 가지고 박람회에 참가해서 많은 성과를 올리고 있는 기업들이 있다.

박람회 참가를 성공적으로 이끈 미국 기업들과 국내 기업들의 사례를 소개해 보기로 한다. 특히 국내 각 기업의 전시 업무 담당 간부들에게 있어 국내외 주요 기업들의 박람회 참가 성공사례는 좋은 참고가 될 것으로 생각된다.

1. 국내업체의 사례

1__한 박람회에 꾸준히 참가해 바이어의 눈도장을 받은 것이 주효했다(문구업체 S社).

해외에서 개최되는 박람회에 참가를 시작하기 전에는 세계 굴지의 기업들에게 OEM으로 제품을 공급해 기술적으로는 이미 국제적인 수준으로 인정받고 있었음에도 불구하고 회사 자체에 대한 인지도는 상대적으로 낮아 여러 가지로 불이익을 당하고 있었다. 이러한 문제점을 타개하기 위해 해외 박람회 참가를 결심하게 됐다.

또한 경쟁업체들 특히 중국 업체들이 우후죽순으로 늘어나면서 해외에서 경쟁력을 키울 수 있는 방안도 필요했다.

우선 해외의 문구관련 유명 박람회 일정을 뽑아 직접 참가해야 할 박람회와 참관해야 할 박람회로 구분하고 참가할 박람회에 대해서는 관련 직원들의 의견을 적극 수렴하여 참가 준비에 적극 반영하였다.

박람회에 처음 참가할 당시에는 박람회에 대한 사전 준비가 미흡하여 성과도 미미하였으나 박람회에 계속 참가하면서 노하우가 점차 쌓이게 되었다.

어느 정도 박람회 참가 노하우가 쌓여 가면서 세계 최대규모라고 하는 프랑크푸르트 문구 박람회(Paperworld)에 참가하였는데 이 박람회에는 문구와 관련된 세계 각국의 모든 바이어들이 참여했다고 해도 과언이 아니었다.

이 박람회에 최초 참가했지만 박람회 기간 동안 150여 건의 상담을 진행시켰으며 이 중 12건을 거래로 성사시키는 성과를 올렸다.

박람회 참가 성공요인으로 꼽을 수 있는 것 중 하나는 사전 준비과정에서의 철저한 바이어 유치 활동이라고 할 수 있다. 기존 바이어는 물론 과거 참가 시 한번이라도 부스를 찾았던 바이어, 그리고 앞으로 고객이 될 가능성이 있는 바이어들의 리스트를 뽑아 개별적으로 접촉했다. 전화와 메일을 이용해 부스 방문을 권유했으며 방문 약속까지 받게 되면 이러한 준비과정 없이 참가했을 때보다 수십 배의 효과를 거둘 수 있었다.

프랑크푸르트 문구 박람회에 3년간 계속 참가해 본 결과, 매년 이 박람회를 방문하는 바이어들의 변동이 별로 크지 않다는 사실을 발견했다. 전체 내방 바이어 중 70% 이상은 매년 계속 이 박람회를 방문해 참가업체들의 제품 개발에 대해 눈여겨 보고 있다는 것을 알게 되었다. 이것은 곧 좋은 박람회에는 꾸준히 참가해 바이어들에게 자기 회사의 존재를 지속적으로 인지시킬 필요가 있다는 것을 의미한다. 한 박람회에 꾸준히 참가하지 않는 업체들은 신뢰도 면에서 바이어들의 인정을 못받게 될 수도 있으므로 한 박람회에 꾸준히 참가해 바이어들의 눈도장을 찍을 필요가 있다는 점이 매우 중요하다.

그리고 박람회가 끝나면 가능한 빠른 시일 내에 바이어와 다시 접촉하는 것이 중요하다. 박람회장에서 바로 계약하겠다는 바이어는 별로 없다. 박람회가 끝난 후 꾸준히 상담 결과를 Follow-up해야 한다. 바이어와 계약을 성사시키기까지는 최초 상담 후 보통 3개월에서 6개월의 기간이 소요되었고 그 기간이 1년까지 걸리는 바이어도 적지 않았다. 심지어 어떤 바이어와는 2년 만에 계약을 성사시킨 경우도 있었다. 이렇게 오랜 기간이 소요됐지만 계약이 성사될 수 있었던 것은 박람회가 끝나고 난 뒤부터의 철저한 Follow-up 덕분이다. 단 1%의 가능성만 있더라도 계속 Follow-up을 시도해야 한다.

앞으로 더 새로운 제품을 개발해 기존에 참가하던 박람회는 물론 또 다른 유망 박람회에도 참가하여 세계 곳곳의 바이어들과

만날 예정으로 있다.

박람회, 그곳엔 수많은 바이어들이 모여 있는 곳이다. 기존 바이어는 물론 새로운 바이어를 만나는 데에도 박람회 이상 효과를 볼 수 있는 곳은 아마 없을 것이다.

2__활발한 사전접촉 때문에 바이어들이 호감을 갖게 됐다(자동차부품업체 C社).

프랑크푸르트 AUTOMECHANIKA에 지난 2002년도에 처음 참가했는데 이 박람회는 격년으로 열리는 자동차 부품과 자동차관련 전자제품 전문 박람회이다. 유럽시장 개척의 필요성을 느끼고 있던 중 세계 유명 자동차 부품 박람회인 AUTOMECHANIKA에 참가하게 되었다.

박람회에서 상담을 잘 성사시키기 위해서는 미리 바이어들을 접촉하여 상담약속을 잡아 놓는 것이 중요한 일이라고 판단했다. 이 박람회 참가 준비를 시작하면서 먼저 KOTRA에 바이어 발굴 서비스를 신청하여 독일 지역에서의 자동차 부품에 대한 시장정보와 바이어에 대한 정보를 입수하였다. 이렇게 발굴된 새로운 바이어들과 기존 바이어들에게 박람회 초청장을 보냈다.

초청장을 이메일로 1차 송부하여 기존 바이어들로부터는 참가 여부와 상담 가능시간을 답신으로 받아 상담 미팅이 날짜별로 정해졌고 중요 바이어에 대해서는 상담일정과 함께 저녁식사 등의 약속도 이루어졌다.

신규 바이어들에게는 바이어 발굴 조사 후 이메일을 발송하였으나 구체적인 답신이 이루어지지 않는 경우도 많아 다시 동일한 내용의 팩스 발송과 전화 접촉을 계속하여 박람회에 초청코자 노력하였다.

회사 상담 직원들이 프랑크푸르트에 도착한 후 박람회 개막 첫날 상담약속이 이루어지지 않은 신규 바이어들과는 다시 전화 접촉을 하여 대부분의 신규 접촉 바이어들과의 상담이 가능하게 되었다. 이렇게 사전에 접촉이 되었던 바이어들은 호감을 갖게 되어 상담을 성사시키는데 큰 도움이 되었다.

또 박람회 기간 중에는 많은 바이어들을 만나기 때문에 나중에 그들의 인상을 모두 기억하기에는 한계가 있어 상담이 끝나고 나면 바이어와 함께 사진을 찍어 둠으로써 다른 박람회에서 만나도 한번에 알아볼 수 있도록 했고 바이어들도 자신을 기억해 주는 것에 대해 깊은 인상을 가지는 듯 했다.

특히 박람회가 끝나고 난 뒤 상담을 Follow-up할 때 사진을 동봉해 주면 바이어들도 무척 고마워하면서 상담에도 더 많은 관심을 보였다.

상담을 Follow-up한 내용을 얘기하면 박람회가 끝나고 귀국하

자마자 상담했던 모든 바이어들에게 감사의 편지를 보냈고 그 중 구체적인 상담이 오갔던 바이어들에게는 상담했던 내용을 정리하여 다시 한번 확인해 주도록 했다. 감사의 편지내용은 대체로 동일한 내용이지만 상담했던 바이어 이름은 반드시 명기하였다.

그 후 진행된 상담내용을 분석하여 구체적으로 상담진행이 가능한 업체와 장기적인 접촉이 필요한 업체 그리고 진행 가능성이 없는 업체로 구분하여 선택과 집중 방식으로 사후관리를 진행하였다. 가능한 박람회 기간 중에 바이어가 요청한 샘플을 나누어 주었지만 준비하지 못했던 품목이나 신규 샘플은 귀국한 후 신속하게 발송해 주었다.

제품에 대한 품질과 가격 경쟁력은 있었으나 마케팅과 홍보 면에서 부족하다고 느끼던 차에 해외 박람회 참가는 회사 이미지와 브랜드를 널리 알릴 수 있는 좋은 기회가 되었다고 생각하며 프랑크푸르트 AUTOMECHANIKA에 계속 참가하여 매출을 확대할 계획이다.

3__사전 준비와 사후 관리가 무엇보다 중요하다(연마기 생산업체 K社).

매년 말 다음 해에 참가할 박람회 일정을 확정하고 있고 박람회 참가에 대해서는 많은 예산과 노력을 아끼지 않고 있다. 독일 쾰른 하드웨어 박람회 등 세계 유명 박람회에 참가하면서 느끼는 것 중의 하나는 사전 준비와 사후 관리가 무엇보다도 중요하다는 것이다.

독일 쾰른 하드웨어 박람회는 관련 박람회 중에서 가장 규모가 크고 알찬 박람회로서 개최 3~4개월 전에 현지 시장조사를 시작한다. 그리고 이 박람회에 당사가 참가한다는 것을 바이어들이 잘 인지할 수 있도록 사전 연락 등 준비작업을 한다. 아울러 전시할 샘플과 박람회 참가에 필요한 준비물들을 체크하고 준비한다. 이렇게 사전에 준비를 잘해 놓으면 나중에 상담 결과에도 좋은 결과를 볼 수 있기 때문이다.

다른 박람회도 마찬가지지만 이와 같이 국제적으로 유명한 박람회에는 5~6년간 지속적으로 참석해야만 바이어들에게 신뢰를 줄 수 있다. 왜냐하면 금년도에 박람회를 방문했던 바이어들이 내년 그리고 내후년에도 지속적으로 박람회를 방문하여 박람회의 전체적 흐름을 파악하면서 참가하는 업체들의 모습을 주의깊게 지켜보기 때문이다.

당사는 쾰른 하드웨어 박람회에 10여 년간 계속 참가하여 많은 바이어들을 알게 되었고 다른 박람회에서 만난 바이어를 포함하여 약 2천여 명의 바이어들에 대한 정보를 보유하고 있다. 이들 중 약 30%의 바이어들과 계약이 성사되었는데 이들 계약은 박람회 현장에서보다는 대부분 사후 Follow-up과정에서 성사되었다.

박람회 기간 중의 계약성과만을 가지고 박람회 참가 여부가 판단되어서는 절대로 안 된다. 박람회 기간 중 거래성과가 없더라도 바이어들을 지속적으로 Follow-up하다보면 계약이 이루어지는 경우가 아주 많기 때문에 박람회는 해외 바이어와의 접촉 기회로서 그리고 마케팅 전반에 걸친 정보수집과 어떠한 방향으로 제품을 개발해야 하는지를 판단할 수 있는 기회의 장으로 삼아야 한다. 박람회에 참가한 성과는 대단한 것이어서 회사이름을 세계시장에 각인시키고 바이어들이 무엇을 원하고 우리가 무엇을 해야 하는지를 알게 하는 중요한 기회가 되고 있다.

4__좋은 바이어들을 발굴할 수 있는 가장 확실한 방법은 박람회 참가이다(가정용 도난 방지장치 생산업체 H社).

카자흐스탄 지역에 수출하게 된 계기는 바로 지난 2002년 개최된 카자흐스탄 알마티 한국상품전이었다. 이 전시회에 참가하게 된 동기는 카자흐스탄이 카스피해에 매장된 전체 석유 매장량의 50%를 보유하고 있어 앞으로 석유수출로 수입규모가 증가하게 될 것으로 보았고 지자체에서도 참가업체들에게 참가예산을 지원하여 주었기 때문이었다.

알마티 한국상품전 참가 준비를 위해 개최 2개월 전, 출품 품목을 확정하였고 바이어 발굴을 위해 KOTRA에 이에 대한 조사를 의뢰했다.

전시회 참가 1개월 전에는 현지 무역관의 조사보고서를 통해 현지 유망 바이어와 시장 정보를 입수하였고 이를 바탕으로 바이어들을 접촉하였다. 접촉과정에서 제품에 관심을 보인 바이어들을 대상으로 당사 부스 방문을 유도했고 내방 의사를 확인했다.

바이어에 대한 사전 접촉은 무엇보다 중요하며 발굴한 바이어를 대상으로 사전에 제품을 소개하고 이메일을 통해 부스 방문을 유도하는 것을 절대로 잊지 말아야 한다.

그리고 전시회가 끝난 뒤에는 부스 내방 바이어를 대상으로 회신을 발송하는 등 사후 관리 또한 매우 중요하다. 이때는 상담 시 미진했던 부분들에 대해 심층 상담을 하는 기회로 삼아야 한다. 요청한 샘플과 카탈로그를 발송하고 가격과 거래조건을 협상한다.

인터넷을 통한 국제교역의 발달로 이제 손쉽게 해외 바이어들에 대한 제품 홍보와 거래 제의가 가능해졌다. 그리고 인터넷 때문에 비용이 절감되고 쉽고 빠르게 전세계를 대상으로 하는 세일즈 활동이 이루어지고 있다. 그러나 이런 편리함에도 불구하고 여전히 우수 바이어를 발굴할 수 있는 가장 확률 높은 방법은 다름아닌 박람회 참가라고 단언할 수 있다.

거래 상대방을 직접 대면함으로써 이메일이나 팩스, 전화를 통해서는 파악하기 힘들었던 상대방에 대해 좀더 자세한 정보를 얻을 수 있고 동시에 바이어의 요구사항을 정확히 확인할 수 있기 때문이다.

아울러 수출상의 입장에서도 제품에 대해 보다 구체적인 정보 전달이 가능하다는 점이 박람회의 장점이라고 할 수 있다.

5__회사가 영업을 시작한 지 얼마 되지 않은 상태에서 박람회 참가가 결정적인 계기가 됐다(무선통신관련 핵심 전자부품 생산업체 I社).

당사는 해외 영업을 시작한 지 그리 오래되지 않아 해외 박람회에 참가하는 일이 중요했지만 어느 박람회가 알맞는지에 대해서 정보가 부족한 상황이었다.

그러던 중 2002년도 초 독일 뮌헨의 Electronica라는 박람회가 세계적으로 유명한 박람회이고, 전자 부품업체에게는 정말 꼭 참석해야 할만한 박람회라는 이야기를 전해 들었다.

그래서 곧바로 KOTRA 홈페이지로 들어가 알아본 결과 Electronica 2002가 2002년 11월에 독일 뮌헨에서 개최가 될 것이라는 것을 알게 되었고 곧 이 박람회에 부스를 신청하였다. 그리고 참가업체로 선정되어 처음으로 이 박람회에 참가하게 되었다.

유럽 지역에서 개최되는 박람회에 처음 참가하기 때문에 마음이 설레이면서도 한편으로는 잘 해 낼 수 있을까 하는 걱정도 들었다.

카탈로그를 준비하고 회사 제품을 효과적으로 디스플레이할 수 있도록 라이트 판넬을 이용한 쇼케이스를 제작하는 등 준비업무에 많은 관심을 기울였다.

Electronica 개막 첫날 박람회장에 처음 들어서는 순간 입을 다물 수가 없었다. 우리나라 코엑스 정도의 규모로 생각했었는데 그 전시장의 거대한 규모에 놀라지 않을 수 없었다. 우선 입구에서부터 전시장 규모가 사람을 압도하게 만들었고, 제품을 분야별로 구분해 놓은 여러 개의 Hall은 방문객의 탄성을 자아내기에 충분했다.

전시품을 전문분야별로 구분해 놓았다는 점이 무엇보다도 마음에 들었다.

Electronica에 참가한 첫날 상담이 시작되면서 그간의 여러 가지 걱정을 한번에 날려 버릴 수 있었다.

회사부스가 위치한 Hall은 Hall B5이었는데, 오로지 전자부품만을 전시하는 Hall이었기 때문에 Hall B5를 방문하는 방문객들은 모두 전자부품에 관심을 갖고 있는 바이어들이어서 바이어들의 관심을 끌지 못할 걱정은 할 필요가 없었다.

Electronica에 참가함으로써 얻은 것은 참으로 많았다. 우선 많은 해외 바이어들에게 회사의 이름을 널리 알릴 수 있었고 유럽 여러 나라에 유능한 현지 에이전트들을 확보할 수 있었다. 그리고 유럽시장에서 제품에 대해 좋은 평가와 반응을 얻을 수 있었고 유럽시장에 대한 자신감을 얻었다는 점을 가장 큰 성과로 꼽을 수 있다.

물론 여기에서 만족하지 않고 지속적으로 Electronica 박람회에 매회 참가하여 유럽시장 진출에 더욱더 박차를 가한다는 것이 앞으로의 계획이다.

6_국내에서 전시 장치물을 잘 만들어 부스에 설치한 것이 큰 도움이 됐다(자동차부품 생산업체 D社).

당사는 종업원이 50명 정도인 자동차부품 생산업체이다. 수출만이 회사가 살 길이라는 판단으로 미국시장 진출을 계획하게 되었다. 그러나 의욕만으로는 미국시장의 문을 두드릴 수는 없어 세계적으로 유명한 디트로이트 자동차부품 박람회(SAE Show)에 참가하기 시작하였다.

처음 박람회에 참가할 때는 샘플만 전시하여 상담을 하였는데, 부스가 초라하여 바이어의 눈길을 끌지 못하였다. 그래서 다음 참가할 때부터는 부스에서 효과적으로 제품을 홍보할 수 있도록 자체적으로 장치을 제작하였다. 국내에서 제작된 장치물은 주로 제품 사진과 품질인증관련 시험설비 등 제품의 특성을 효과적으로 나타내는데 도움이 되는 것들이었다. 이 박람회 참가 시 타 회사 부스의 홍보물을 관심 있게 살펴보고 메모하여 제작 시 참고하였다.

또한 전시된 샘플을 방문객들이 관심을 가질 수 있도록 충분히 준비하고 시선을 집중시킬 수 있도록 배열하는 것도 매우 중요하였다.

그리고 전반적인 회사 현황을 카탈로그로 알리기에는 부족하다고 생각하여 회사 소개서를 영문으로 작성하였다. 이러한 회사소개서는 책자화했고 또한 CD에 내용을 넣어서 바이어들에게 책자 대신에 배포하였다.

또 영상물을 제작하여 전반적인 사항을 소개하도록 하였다. 상담 시에는 노트북을 사용하여 프리젠테이션을 효과적으로 진행하도록 준비하였다. 이러한 노력은 바이어들의 관심을 끌어 모으는데 큰 도움이 되었다. 디트로이트 자동차부품 박람회에 계속해서 참가한 결과 미국 시장의 유통구조를 이해하게 되었고 미국 OEM과 애프터마켓 시장 진출이 현재 본격화되고 있다.

2. 미국업체의 사례

1__Outsourcing하지 않고 자체적으로 박람회 참가를 준비한다(Nintendo of America社).

Nintendo사는 부스장치 등 박람회 참가준비와 관련된 모든 일을 외주를 주지 않고 자체적으로 처리하여 좋은 성과를 올린 기업이다. Nintendo사는 다른 경쟁 기업들과 마찬가지로 신제품을 출시하여 소매상 및 게임제작업자, 미디어 등과의 접촉기반을 강화하기 위한 수단으로 관련분야 유명 박람회라고 할 수 있는 E3/Electronic Entertainment Expo에 참가하고 있다.

Nintendo사는 최근 다른 경쟁기업들과는 다른 방식으로 이 박람회 참가를 준비하여 주목을 끌었다. 이 박람회의 Nintendo사 부스는 40,000s/f 에 이르는 대형 부스여서 자체적으로 준비하기에는 다소 부담이 있었다.

그러나 동사는 부스 디자인부터 장치 그리고 철거에 이르기까지 박람회 참가에 따른 모든 일을 자체적으로 처리했으며 그 결과 참가 비용을 40%나 절감할 수 있었다.

외주를 주지 않고 자체적으로 처리한 효과는 그뿐만이 아니었다. 모든 것을 회사가 직접 처리함으로써 참가 준비기간이 단축되었으며 회사가 필요로 하는 사항을 준비과정 시 효과적으로 반영할 수 있었다.

또한 부스 조명이나 오디오, 비디오시스템과 같은 것을 설치하는 하청업체들에게 부스 디자인 컨셉을 미리 알려 주어 준비를 추진하다 보니 커뮤니케이션도 잘 되었고, 부스장치상의 시행착오도 크게 줄일 수 있었다.

2__방문객들의 관심사항을 잘 파악해 전시품 출품 시 반영한다 (GLVeneer社).

방문객들의 관심사항을 잘 파악해 이를 박람회 참가 시 적절히 활용하는 것은 매우 중요하다.

목가공품 메이커인 GLVeneer 사는 주로 Woodworking 박람회에 참가하고 있다. 이 회사는 박람회 참가를 시작하기 전 목가공품와 가구마케팅 전문가에게 박람회에서 방문객들의 관심을 가장 많이 끌 수 있는 것이 무엇인지를 물어본 결과 스포츠 용품과 자동차라는 답변을 들었다. 그래서 GLVeneer 사는 자사가 생산하는 목제품을 소재로 하여 Surfboard, 승용차, 드럼 등과 같이 방문객의 관심을 끌 수 있는 물건을 만들어 Anaheim에서 개최되는 AWFS Woodworking Fair에 참가했다. 전시된 제품이 워낙 실물처럼 정교하게 제작된데다 사람들이 관심을 갖는 품목이다 보니 방문객들의 관심이 집중되었으며 회사제품의 품질을 알리는데 한 몫을 단단히 하게 되었다. GLVeneer사는 이 때문에 박람회 주최자로부터 「최우수 전시품상」을 세 번이나 수상했다.

3__부스 운영 직원에 대한 사전 교육이 중요하다(Coyote Management LLC社).

이 회사는 ICSC Leasing Mall & Trade Expo 등과 같은 쇼핑몰 리스와 거래관련 박람회에 주로 참가하고 있다.

박람회가 개최되는 동안 이 회사의 부스 관리 직원들은 모두가 부스 운영책임자이기도 하다.

이 회사는 박람회에 참가하기 전에 부스 운영 직원들을 철저히 교육시켜 놓기 때문에 실제 책임자가 부스를 비워도 어느 직원이든지 방문객들과 상담을 잘 진행시킬 수 있다. 이 회사 마케팅 책임자는 "부스 책임자가 아무것도 모르는 임시 직원에게 부스를 맡겨놓고 있다가 중요한 바이어가 갑자기 찾아오게 된다면 그 바이어를 놓치게 될 것입니다"라고 말한다. 그리고 최근 이 회사는 'Coyote' (북미에 사는 이리)라는 회사 브랜드를 개발해서 이 박람회에서 사용하기 시작했는데 이 박람회가 관련업계 사람들이 많이 운집하는 장소이다 보니 단기간에 바뀐 회사 브랜드를 쉽게 알릴 수도 있었다.

4__신제품 출시 때 박람회를 최우선적으로 이용한다(Avid Technology社).

박람회만큼 신제품이 많이 출시되는 장소는 없다. 박람회를 주로 이용하는 이유에 대해 이 회사는 이 회사가 개발한 신제품을 시장에 내놓을 때 박람회를 최우선적으로 이용하고 있다.

박람회를 주로 이용하는 이유에 대해 이 회사 마케팅 담당 간부는 "박람회에는 신규 개발품을 찾는 바이어들이 운집하는데다 짧은 시간 내에 한 장소에서 박람회만큼 신제품을 집중적으로 소개할 수 있는 마케팅 수단이 별로 없기 때문"이라고 말한다.

방송 장비 소프트웨어와 하드웨어 생산업체인 Avid Technology 사가 10년 전 NAB(National Association of Broadcasters)가 주최하는 박람회에 참가했을 때만 해도 100s/f 의 기본 부스로 참가했으나 지금은 부스 규모가 10,000s/f 나 되어 가장 부스 규모가 큰 참가업체 중 하나가 되었다.

5__박람회에서는 좋은 분위기를 만든 것이 상담에 효과적이다(Ariens社).

박람회는 전시품을 매개로 하여 참가한 업체와 박람회를 찾는 방문객 사이에 인격적인 접촉과 대화가 이루어지는 장소라고 할 수 있다. 박람회만이 갖고 있는 이러한 특성을 박람회 참가 시 잘 이용하여 좋은 성과를 거두는 것이 효과적이다.

미국의 Int'l Lawn, Garden & Power Equipment Expo 박람회 책임자인 Warren Sellers 씨는 박람회를 잘 활용하여 성공을 거두고 있는 업체로 Lawnmower 생산업체인 Ariens사를 꼽았다.

그 이유로서는 박람회 참가 시 전시품 데몬스트레이션이나 부스 구성, 박람회에서의 홍보 활동 그리고 이벤트를 적절히 활용할 줄 아는 마케팅 활동이 어느 참가 업체보다도 탁월하다는 점을 들었다.

Ariens사는 박람회 개막 전날 밤 주요 고객들을 초청하여 독일 바바리아 지방 복장의 밴드와 맥주가 어우러져 흥을 돋구는 독일 Oktoberfest 스타일의 이벤트를 개최했는데 이 이벤트는 새로 출시된 자사 Lawnmower 신제품의 Preview 행사이기도 했다.

이 회사 마케팅 담당 간부의 말로는 이왕에 제품 소개행사를 할 바에는 딱딱한 분위기에서 하는 것보다는 고객들이 즐거워하는 분위기에서 하는 것이 상담에 더 효과적이라는 것이다. 맞는 말이다.

또 이 회사는 바이어들을 대상으로 간단한 선물이나 자선쇼 티켓을 매 시간마다 부스에서 나누어 주었는데 이것이 별 것 아닌 것 같지만 바이어들을 즐겁게 해 주면서 이 회사 부스를 자주 찾게 해 주는 촉진제가 된다는 것이다.

그 결과 Ariens사는 이 박람회에 처음 참가할 때 부스 규모가 400 S/F로 아주 작은 규모였으나 지금은 5,400 S/F로 참가업체 중 가장 큰 규모로 확대되었다.

6_이벤트 마케팅을 박람회에서 효과적으로 활용한다(Wheeling Corrugating 社).

특히 Consumer Show에서는 일반 방문객들을 잘 활용하여 마케팅 활동을 효과적으로 전개하는 것이 바람직한 방법이다.

Wheeling Corrugating 사는 주택 외벽 및 지붕용 건축자재 생산업체로서 Frame Building Expo 등과 같이 일반인들이 많이 방문하는 박람회에 주로 참가해 오고 있다.

그런데 이 회사의 마케팅 방법 중 특기할 만한 것은 지난 1984년부터 건축 박람회장에서 이른바 「Wheeling Jamboree」를 개최해 오고 있는 것이다.

「Wheeling Jamboree」는 박람회장 내의 행사 장소를 빌려서 하고 있는데, 일반 방문객들의 관심을 끌기 위한 일종의 회사소개 이벤트이다. 약 3시간 동안 개최되는 행사에서는 각종 밴드 공연이 이어지고 음식이나 음료가 무료 제공되기 때문에 수많은 방문객들이 모여든다.

박람회에서 이러한 이벤트를 개최하는 이유에 대해 이 회사 홍보 담당 매니저는 "우리가 박람회장에서 이런 떠들썩한 행사를 개최하게 되면 솔직히 말해 경쟁업체들의 상담 분위기에도 알게 모르게 영향을 주게 되고 방문객들의 관심도 우리 회사로 이끌 수 있어 실보다는 득이 훨씬 많다고 보기 때문"이라고 얘기한다.

이 회사는 이러한 Jamboree 행사를 계기로 새로운 거래선도 많이 만나게 되었는데 그래서 결과적으로는 상담에도 큰 도움이 되어 Jamboree 행사비용도 간단히 뽑을 수 있었다.

7__협력업체와의 유대관계를 강화하기 위해 박람회를 잘 활용한다(Ford Motor 社).

자사 품목과 성격이 조금 다른 박람회라고 열외로 할 것이 아니라 활용하는 방법에 따라서는 좋은 성과를 거둘 수도 있으므로 성격이 다른 박람회도 도움이 된다면 참가를 검토해 봐야 한다. Ford Motor사의 경우가 그러하다고 할 수 있다.

라스베가스에서 매년 11월 개최되는 자동차부품 및 액세서리 A/S 박람회인 SEMA Show가 있다.

자동차 메이커라면 Motor Show에만 참가하는 것이 상식인데 Ford Motor사는 자동차부품 및 액세서리 A/S 박람회로 유명한 SEMA Show에 매년 적극 참가해 오고 있다.

Ford Motor사의 박람회 담당 Global 매니저인 Bob Adams 씨

는 Ford사가 다른 자동차 메이커들이 참가하지 않는 SEMA Show에 참가하는 이유로 Ford사와 협력관계에 있는 자동차 부품 및 액세서리 A/S 마켓 업체들과의 유대 관계를 강화하기 위한 것을 들고 있다. 이 때문에 이 박람회에 참가하는 A/S 마켓 업체들은 Ford 자동차를 자사제품 소개 시 자동차 기본 모델로 활용하려는 경향이며, 많은 참가업체들이 각종 포드 자동차 모델을 자사 부스에서 상담 시 활용하고 있다.

8__불황기에는 효율적인 박람회 참가 방안을 찾는다(Lucent Technologies 社).

불황기가 닥치면 기업들은 박람회 참가 횟수나 전시면적 등을 줄여보려고 한다. 이런 때일수록 기업전시 담당간부의 역할이 중요하며 보다 창의적으로 박람회에 참가하려는 노력이 요구된다. Lucent사의 경우도 예외는 아니었다. 박람회 참가는 회사 마케팅 전략에 있어 중요한 비중을 차지하고 있었기 때문에 그간 이 회사도 여러 군데의 박람회에 참가하고 있었다. 그러나 통신장비 수요 감퇴에 따른 회사 경영의 어려움 때문에 직원수를 3분의 1 가량 해고시킨 이 회사는 박람회 부스 면적도 줄였다. 그리고 참가 박람회 횟수도 줄이되 Supercomm, CTIA Wireless, CeBIT, 3GSM World Congress 그리고 Asia Telecom 등과 같이 지역별로 비중 있는 유명 박람회 위주로 참가를 집중화했다. 또한 비용을 더 줄이기 위해 박람회 참가 비용을 세밀히 검토한 결과 부스 장치에 들어가는 비용이 상당하다는 것을 알고 부스장치는 잘 유지하면서 장치비 예산을 절감하는 방안을 찾게 된다. 이 회사 전시담당 직원들은 새로운 장치물 구입에 예산을 쓰지 않고 과거에 사용했던 부스장치물들을 끌어모아 재활용하여 특색있는 부스장치를 하는데 심혈을 기울였다. 그 결과 Supercomm에서 'Best Booth Award'상을 수상할 만큼 훌륭한 부스장치를 할 수 있었다.

9__주요한 실무 방문객들과의 유대 강화에 주력했다(Philips Medical Systems 社).

이 기업은 박람회 참가에 매우 적극적이며 전문적 경험을 갖춘 직원들에게 부스 운영을 맡겨 박람회에서 좋은 성과를 거두고 있는 기업으로서 미국 의료기기 시장의 큰 부분을 점유하고 있다. 미국 Critical Care Nurses 협회가 주관하는 National Teaching & Critical Care Exhibition 을 비롯한 여러 군데의 의료기기 박람회에 참가하고 있는데 무엇보다도 박람회에서 고객관리 강화와 브랜드 이미지 제고에 주력하고 있으며 의료기기 박람회의 주요한 방문객이며 의료기기 선정 시 큰 영향력을 행사하는 간호사들을 상대로 유대 강화와 제품소개, 사용방법에 관한 교육 등에 정성을 쏟고 있다. 이 기업이 참가하는 박람회에서 부스를 운영하고 있는 직원들은 모두 의료기기를 잘 다룰 줄 아는 현직 또는 전직 간호사들로 구성되어 있어 방문객들의 질문사항을 보다 전문적으로 신속히 처리할 수 있는 점이 다른 참가업체와 다른 점이다. 그래서인지 박람회 방문객들에겐 Philips Medical 사가 모회사인 Royal Philips Electronics 사의 자회사가 아닌 별도의 유수한 의료기기 전문 메이커로 인식되고 있다.

10__박람회참가 성공 이면에는 유능한 전시담당 간부의 역할이 크다(Prescription Solutions 社).

박람회 참가 시 전시담당 부서 책임자의 적극적인 역할과 치밀한 계획 수립을 박람회 참가 성공을 위한 조건의 하나로 꼽을 수 있다.

이 기업은 National Managed Health Care Congress 등 의료용품 박람회에 참가를 해 오고 있다. 이 회사 마케팅담당 매니저인 Gayle Griffith 씨는 박람회 참가 성공요인으로 마케팅 담당 간부가 분명한 목표를 세워 조직적으로 참가준비를 하는 것을 으뜸으로 꼽았다. 그리고 회사의 박람회 참가목표에 대해서 부스 운영 직원들이 잘 알고 있어야 직원들이 잘 움직일 수 있고 또 성과도 거둘 수 있다고 강조한다. 중소기업 규모인 이 기업의 마케팅 부서를 Griffith 씨가 맡을 때만 해도 직원 2명으로 출발했는데 지금은 팀 체제로 확대되었다.

11__한 군데 유명 박람회에 꾸준히 참석한 것이 성공의 요인이다(Brown Shoe 社).

Brown Shoe 사의 경우는 불황기에나 호황기에나 빠지지 않고 한군데 유명 박람회에 꾸준히 참가하여 좋은 성과를 거둔 경우이다. 라스베가스에서 매년 개최되는 미국 최대의 신발 박람회인 WSA Show 가 있는데 상당히 역사가 오래된 박람회이다. 이 회사는 이 박람회가 시작된 1940년대 후반부터 빠짐없이 참가했는데 1970년대 말까지만 해도 부스 규모는 100 s/f 에 불과했다. 100 s/f 의 기본 부스 규모로 30여 년간 계속 참가해 온 것이다. 그러나, 현재의 부스 규모는 11,000 s/f 에 달하는 큰 규모다. 이 회사 마케팅담당 간부는 회사가 이와 같이 크게 발전할 수 있었던 요인 중 하나는 다음 시즌 오더가 집중적으로 이루어지고 최신제품 개발동향을 선도하는 WSA Show 같은 유명 박람회에 작은 규모라도 한 번도 거르지 않고 꾸준히 참가한 결과라고 힘주어 말한다.

05 사후(Post-Show) 관리가 상담의 성패를 가른다

박람회가 종료되면 "이제 다 끝났구나"라고 생각하기 쉽다. 박람회 종료와 함께 마무리 작업이 시작된다고 생각해야 할 것이다. 사후 관리가 부실하면 그간 많은 비용과 노력을 들인 박람회 참가 사업이 무용지물이 될 수 있다. 박람회장에서 상담이 마무리되기도 하지만 대개 보면 박람회 종료 후부터 3개월에서 6개월 기간에 걸쳐 상담이 본격적으로 추진되는 경우가 많다. 박람회 참가의 성패는 박람회가 끝나고나서 상담 결과를 나중에 얼마나 잘 Follow-up해서 계약으로 연결시키느냐에 달려 있다고 해도 과언이 아니다.

상담 결과에 대한 Follow-up이 부실하면 상담을 망칠 수 있다

박람회가 끝나고 나서 바이어가 먼저 연락해 주기를 기다려서는 안 된다.

박람회에서 돌아오자마자 상담했던 업체들에게 부스를 방문하여 주어서 감사하며 앞으로 거래를 희망한다는 내용의 편지를 보낸다.

그리고 구체적인 상담이 있었던 업체에 대해서는 상담했던 내용을 정리하여 바이어에게 확인토록 하고 앞으로 거래하고 싶다는 의사를 표시한다.

추후 처리해 주기로 약속한 사항에 대해서는 조치한 내용을 통보(샘플 발송, Spec 변경, 가격 Nego 등)해 준다.

주문한 내용에 대해서는 Proforma Invoice 로 Offer(주문품목 내용, 납기, 결제 방법 등)해 주도록 한다.

또 가격과 거래조건 등에 대한 추가적인 Nego가 필요한 경우에는 협상을 계속토록 한다.

그리고 가능하면 피드백 양식을 상담했던 업체들에게 함께 보내 바이어들로부터 듣고 싶은 사항에 대한 의견을 듣도록 한다. 피드백 양식에는 자사의 제품에 대해 느낀 점, 즉 가격, 품질, 디자인 등에 대한 의견을 적을 수 있도록 하고 향후 개선해야 할 내용이나 요청사항에 대하여 허심탄회하게 의견을 개진할 수 있도록 한다.

박람회에 참가하는 국내 업체들에 있어 취약한 부분 중 하나가 박람회 종료 후 상담 결과에 대한 Follow-up이 철저하지 못한 것을 꼽을 수 있다. 박람회 기간 중 바이어들과 건실하게 상담을 해 놓고도 사후 Follow-up을 잘 하지 못하여 열심히 준비하고 성공적으로 마친 상담을 무용지물로 만들어 놓는 경우가 많다.

박람회에서 상담을 잘 하고 돌아갔는데 바이어가 아무리 접촉을 하려 해도 연락이 없는 업체들이 있다. 바이어는 상담을 추진하고 싶어 하는데 연락을 끊어버리니 바이어에게는 큰 실망을 주게 된다. 가격조건이 맞지 않는다든지 주문 물량이 적다든지 하는 문제가 있으면 연락을 끊지 말고 바이어와 다시 협상해 보는 노력이 있어야 한다.

박람회 개최지 또는 인근지역에 소재한 바이어들이 박람회에 참가하는 경우가 많다. 박람회 개최지나 인근지에 중요한 바이어가 있으면 박람회가 끝난 후 직접 방문하여 회사 규모, 구매 잠재력 등을 파악해 보고 바이어와의 유대관계를 넓히는 기회로 삼는 것이 좋다.

상담 바이어 관리가 허술하다

박람회에서 상담한 바이어들을 보다 체계적으로 관리하는 노력이 필요하다. 그러기 위해서는 박람회가 끝나자 마자 박람회에서 상담한 바이어들을 중요도에 따라 분류하고 데이터화하는 작업이 필요하다. 박람회에서 만난 바이어들은 회사가 앞으로 거래를 추진하는데 큰 자산이 될 것이다.

상담업체 관리는 현장에서 상담한 내용은 물론 바이어에 대한 인상과 느낌까지 상세하게 기록해 둘 뿐만 아니라 바이어의 비중에 따라 나름대로의 기준에 따라 분류하여 향후 거래추진 시 참고자료로 활용할 수 있도록 한다. 예를 들면 바이어의 비중에 따라 등급을 A(즉시 거래가 가능한 중요 업체), B(향후 거래가능성이 높은 유망 업체), C(지속적인 Follow-up이 필요한 업체), D(추가적인 Follow-up이 불필요한 업체) 등 4등급으로 나누어 관리하도록 한다.

유명회사나 이미 알고 있는 업체가 아닌 한 내방객의 외모나 명함을 가지고 바이어에 대한 파악한다는 것은 쉬운 일이 아니므로 박람회에서 상담 중에 파악한 내용이나 상담기록부에 기록한 내용을 파일로 잘 정리하여 두면 향후 추진내용이 있을 때 상담 기초자료로 요긴하게 활용할 수 있게 된다. 차기 박람회에 참가 시에는 다시 만날 필요가 있는 업체인지 여부를 판단할 수 있는 자료로도 활용할 수 있다.

참가 성과 분석 정확히 할 수 있다

기업들이 많은 경비를 들여 박람회에 참가하고 있지만 정작 박람회 종료 후 성과나 문제점에 대해 한번 짚어보고 분석하는 일에는 소홀한 경향이 있는데 박람회 종료 후 참가 성과를 한번 차분히 분석해 보는 것이 필요하다.

기업의 박람회 참가 성과 분석이 보편화되지 못하고 있는 이유는 아직 박람회 성과측정 방법이 체계화되지 못한데 있다. 또한 많은 기업들의 관심이 참가준비 업무나 상담 활동에 집중되나 박람회가 끝나고 차분하게 성과를 따져 보는 일에는 등한시 하는 것도 또 다른 이유라고 볼 수 있다.

박람회에 참가하여 거래 성과가 별로 없다고 회사의 박람회 담당 간부를 닦달하는 기업들도 있는데 과연 그런지 한번 박람회 성과를 정확히 분석해 보아야 할 것이다.

박람회 성과는 박람회장 내에서 거래된 상담 실적만을 가지고 성과의 기준으로 삼아서는 안 될 것이다. 현장 거래를 목적으로 박람회에 참가하지 않았기 때문에 박람회 참가 성과를 측정하기 어렵다거나 측정할 필요가 없다고 생각해서도 안 될 것이다. 박람회장에서 이루어진 거래 상담 결과와 같은 구체적인 비즈니스 내용은 물론이고 기업과 상품의 이미지 홍보성과와 같은 내용도 구체적으로 성과 측정이나 분석이 가능하다.

그리고 박람회 참가 성과를 분석해 보지 않고서는 성과가 어느 정도인지 정확히 알 수도 없고 앞으로 그 박람회에 계속 참가하는 것이 바람직한지 여부에 대해서도 확신을 가지지 못하게 될 것이다.

박람회 참가 성과를 한번 분석해 보면 다른 박람회 참가 성과와도 비교할 수 있는 분석자료가 될 것이고 성과 있는 박람회 위주로 박람회를 선정하는데도 큰 도움이 된다.

또한 박람회 참가 성과에 대한 분석자료는 향후 마케팅 전략 수립을 위한 참고자료로서 뿐만 아니라 경영층에 참가 성과를 입증하는 자료로서도 활용할 수 있을 것이기 때문에 박람회에 자주 참가하는 기업의 실무간부들은 참가 성과 측정에도 관심을 갖는 것이 바람직하다.

그러면 박람회 참가 성과를 어떻게 측정하고 분석할 수 있는가?

기업의 박람회 참가 성과를 측정하는 내용은 박람회에 참가하는 목적에 따라 달라진다.

기업의 박람회 참가 목적은 첫째, 박람회 기간 중 거래 실적을 많이 올리는 것, 둘째 박람회 참가를 통해 많은 바이어들을 만나 향후 거래에 도움을 받을 수 있게 하는 것, 셋째 회사 브랜드와 제품의 인지도를 높이는 것 등 세 가지로 요약할 수 있다. 따라서 박람회 참가 성과도 단순히 박람회 기간 중 이루어진 거래 성과만을 대상으로 할 수 없으며 향후 비즈니스에 영향을 미칠 수 있는 신규 유망 거래선 발굴이라든지 회사 브랜드 그리고 신제품 소개 등 모든 성과들이 망라되어야 할 것이다. 기업에 따라서는 박람회장 내에서의 거래 실적보다 위의 둘째, 셋째 목적이 더 중요할 수도 있다.

아래 분석대상 항목들은 기본적인 것들이며 기업사정에 따라 분석대상 항목이 추가 또는 제외될 수 있을 것이다. 박람회 참가 성과 분석은 아래 사항을 중심으로 실시해 본다.

1__오더 수주 결과를 분석한다.

당해 연도와 과거 해당 박람회 참가를 통해 거둔 성과 또는 여타 박람회 참가 성과를 비교 분석한다. 거래 성과는 거래 총액뿐 아니라 수익에 관한 사항도 포함된다.

2__신제품 소개 성과를 파악한다.

부스 방문객이나 바이어들의 반응과, 배포되었거나 요청 받은 샘플 수, 그리고 제품 데몬스트레션 횟수와 반응 등 을 파악해 본다. 과거 해당 박람회 참가 시나 타 박람회 참가 시의 신제품 소개성과를 중심으로 비교 분석해 본다.

3__투입 경비 대비 성사된 거래 실적을 분석한다.

투입 경비 대비 성사된 거래 실적에 대한 분석을 통해 예산 절감 면에서 마케팅 믹스 중 박람회 참가 방식이 유리할지 또는 다른 마케팅 방식이 유리할지를 따져 보고 박람회 계속 참가 여부를 정할 수 있다.

4__상담 결과를 질적인 면에서 평가해 본다.

박람회장에서 상담한 실적 대비 박람회 종료 후 거래로 연결된 실적 그리고 소요된 기간을 파악해 본다. 그리고, 다른 박람회 참가시의 경우, 그리고 다른 마케팅 방법에 의한 경우와 각각 비교해 본다. 거래로 연결된 실적이 많을수록 질적인 면에서 좋은 박람회라고 할 수 있다.

5__유망 거래선과의 상담 추진 결과를 분석한다.

평소에는 만나기 힘드나 박람회에서 만난 유망 거래선 수와 상담 내용, 그리고 박람회 종료 후 상담 추진 성과가 어떠한지에 대해 다른 박람회 참가 시와 비교해서 평가해 본다. 유망 거래선과의 상담 추진실적이 좋으면 그만큼 유망 거래선을 많이 확보한 좋은 박람회라고 할 수 있다.

6__현장 판매실적을 비교해 본다.
박람회장 내에서 실제로 이루어진 실적이므로 현장 판매실적을 파악하는 것은 매우 쉬운 일이다. 과거 해당 박람회에서의 판매실적과 여타 박람회에서의 실적과 비교해 본다.

7__신규 바이어나 신규 에이전트와의 접촉 결과를 분석한다.
박람회장 내에서 신규로 접촉한 바이어나 에이전트와의 숫자와 상담 내용을 파악한다. 그리고 과거 해당 박람회에서의 실적이나 여타 박람회에서의 실적과 비교해 본다. 박람회별로 어느 박람회에 신규 바이어가 많이 오는지 쉽게 파악할 수 있다.

8__기업 브랜드 이미지 제고에 얼마나 도움이 되었는지를 측정해 본다.
기업 홍보와 브랜드 이미지 제고에 얼마나 도움이 되었는지 알기 위해 박람회 참가 전과 참가 후로 나누어 고객들의 인식도를 조사해 볼 수도 있겠지만 이러한 방법은 실질적인 방법이라고 할 수 없다. 그보다는 총방문객 수가 얼마인데 자기 부스를 방문한 방문객 수는 얼마나 되는지? 그리고 방문객들의 반응은 어떠했는지를 부스에서 일한 직원들이나 방문객들로부터 직접 들어보는 것이 효과적이다.

9__이 밖에 전시품 선정이 적절했는지? 부스의 위치나 규모가 어떠했는지? 홍보 활동은 효과적이었는지? 예산의 집행은 적절했는지 등을 분석해 본다.

10__상기 사항들에 대한 개별적인 성과 분석이 이루어지면 이것을 종합해서 당초 목표대비 성과를 전반적으로 파악하고 해당 박람회의 과거 참가 실적이나 여타 박람회 참가 실적과도 종합 비교 분석해 본다.

해당 박람회에 대한 종합적인 성과 분석 결과는 박람회 참가 성과를 객관적으로 파악할 수 있는 지표가 될 수 있을 뿐만 아니라 차기 박람회 참가 여부 결정에 중요한 바로미터가 된다.

박람회 참가 성과가 부진한 이유

박람회 참가 성과가 부진한 이유를 박람회탓으로만 돌리려고 하는 업체가 있다. 같은 박람회에 참가하는 다른 업체들은 거래 성과가 괜찮은데 자기만 좋지 않다고 하면 스스로 그 원인을 한번 곰곰히 생각해 볼 필요가 있다.

박람회 성과가 부진한 이유로서는 첫째, 출품된 제품이 경쟁력이 없거나 부실한 경우를 들 수 있다. 아무리 좋은 박람회라고 하더라도 전시품이 부실하면 성과를 올리기가 어렵다.

둘째, 거래가 잘 안 되는 박람회에 참가하는 경우이다. 거래가 잘 되지 않는 박람회에 아무리 훌륭한 제품을 가지고 가봐야 큰 성과를 기대하기 어렵다.

셋째, 박람회 성격에 맞지 않는 전시품을 출품한 경우이다. 출품된 제품도 경쟁력이 있고 박람회 자체도 거래가 잘 되는 좋은 박람회인데 제품이 박람회에서 주로 거래되는 품목이 아니면 상담 활동이 활발치 못하게 된다.

넷째, 업체의 참가 준비나 사후 관리가 미흡한 경우이다. 출품하는 제품이나 참가한 박람회가 아무리 좋다고 하더라도 철저한 사전준비나 적극적인 상담 활동이 없이는 좋은 성과를 기대하기 어렵다.

다섯째, 전반적인 시장 수요가 감퇴하는 경우이다. 경기가 안 좋으면 박람회에서의 거래 활동도 많은 영향을 받기 마련이다.

그 밖에 박람회 참가 성과 부진의 원인으로 부스 위치가 안 좋다거나 상담 요원의 능력 부족 등도 들 수 있다.

차기 박람회를 미리 준비해야 앞설 수 있다

참가 성과 분석이 끝나면 참가 종합보고서를 작성한다. 종합보고서는 참가 준비부터 사전 마케팅 활동 내용, 부스운영 내용, 상담 결과, 사후 관리, 특기사항 등에 이르기까지 상세히 기록하여 차기 박람회 참가 시 참고가 되도록 한다. 박람회가 끝나고 나면 바빠서 보고서 작성을 게을리하게 되는데 짧더라도 꼭 작성하는 것이 좋다.

계속 참가가 필요한 좋은 박람회라고 판단될 경우 박람회 기간 중 주최측을 접촉하여 차기 박람회에 대해 자세한 안내를 받고 사전 참가신청을 해 둠으로써 유리한 위치의 부스를 확보하도록 한다. 유명 박람회의 경우 박람회 기간 중 차기 박람회 참가를 신청하는 업체가 상당한 비중을 차지하고 있다.

제3부 박람회 참관 잘 하는 방법

1___ 박람회 참관도 구체적인 목표가 있어야 한다
2___ 참관대상 박람회를 정해야 한다
3___ 참관을 위해 사전에 준비할 사항
4___ 박람회 참관 이렇게 하라
5___ 박람회 참관 중에 할 수 있는 마케팅 활동
6___ 해외 박람회 참관단을 이용한다

프랑크푸르트 소비재 박람회

해외 박람회에 독자적인 부스를 확보해 직접 참가하는 것이 가장 효과적인 마케팅 방법이 되겠지만 회사 사정 등의 이유로 박람회에 직접 참가할 수 없는 경우에는 박람회 참관도 좋은 시장개척 방법의 하나가 될 수 있을 것이다.
박람회 참가와 참관의 차이점은 박람회에 독자적인 부스를 설치해서 참가하느냐 여부이다.

다시 말해 박람회 참가는 자사 부스에 제품을 출품하고 상담 직원을 파견하여 적극적으로 활동하는 경우이고 박람회 참관은 박람회를 단순히 방문하여 활동하는 경우이므로 거래 성과를 올린다는 면에서는 박람회 참가가 단연 유리하다고 할 수 있다.

그러나 박람회 참가는 많은 경비와 준비기간이 소요되지만 박람회 참관은 여행경비 등 최소한의 비용으로 쉽게 박람회를 활용할 수 있는 이점이 있다.

그러면 어떻게 하면 해외 박람회 참관 기회를 효과적으로 활용할 수 있는지 알아본다.

박람회 참관도 구체적인 목표가 있어야 한다

아무런 목표나 생각 없이 막연히 박람회를 참관하는 것은 효과적인 방법이 아니며 시간과 경비만 쓰는 결과가 될 수 있다.

박람회 참관 목표 설정

- 최근 시장동향 파악
- 신제품 개발동향 / 신규디자인 트랜드 파악
- 경쟁사 제품 정보 입수
- 바이어와의 상담 추진
- 업계 관계자들과의 Networking
- 박람회 부대행사(세미나) 참가
- 차기 박람회 참가 검토

박람회 참관 목표를 한두 가지로 한정하여 거기에만 집중해서 활동할 수도 있고 여러 가지 목표를 가지고 활동할 수도 있다.

사전에 목표를 세우게 되면 거기에 맞게 참관준비도 하게 되고 나중에 보다 알찬 참관 활동도 할 수 있게 된다.

참관대상 박람회를 정해야 한다

참관 목표를 어디에 두느냐에 따라 참관대상 박람회가 달라질 수 있다. 최근 시장동향이나 신제품 트랜드를 파악해 보기 위해서는 해당 산업계 대부분이 참가하는

참관대상 박람회

- 유명 박람회
- 거래 유망 박람회
- 참관 시 도움이 될 수 있는 박람회
- 향후 참가 검토 박람회

유명 박람회 참관이 바람직하고 해당 지역에 대한 거래상담만을 목적으로 할 경우에는 규모는 작더라도 해당 지역의 거래유망 박람회를 참관하는 것이 바람직하다. 또 향후 참가를 검토하고 있는 경우에는 참가예정 박람회를 사전에 참관해 봄으로써 참가 타당성을 직접 점검해 보는 것이 필요하다.

참관을 위해 사전에 준비할 사항

단순한 박람회 참관이지만 사전에 충분한 준비가 없으면 소기의 성과를 거두기가 어렵다.

참관을 위한 사전 준비 사항

- 박람회 주최자에 참관 사전등록
- 세미나 등 박람회 부대행사 참가 신청
- 숙소 / 항공편 예약
- 박람회 개최관련 정보입수(브로슈어, Press release, 박람회 디렉토리 등)
- 바이어들과의 미팅 약속

참관 계획이 확정되면 먼저 사전에 참관등록을 해 두어야 한다.

사전에 참관등록을 해 두면 박람회장 입구에서의 등록 수속시간을 줄일 수 있고 박람회 주최자로부터 사전에 박람회관련 정보도 받아 볼 수 있다.

참관 사전등록은 박람회 주최자의 사이트에 들어가서 신청하면 된다.

또 박람회 기간 중 각종 기술세미나가 잇달아 개최되므로 사전에 세미나 일정을 입수하여 신청해 두어야 하는데 중요한 세미나는 참가인원의 제한이나 신청기한이 정해져 있다.

숙소나 항공편도 미리 예약해 두는 것이 좋다.

유명 박람회의 경우 충분한 시간을 두고 미리 예약해 두지 않으면 숙소나 항공편 좌석을 확보하지 못하는 경우도 생긴다.

프랑크푸르트나 싱가포르, 홍콩 같은 국제도시라 하더라도 유명 박람회가 개최되는 시기에는 호텔 방값을 두 배 이상 부르는 경우도 많다.

유럽의 중소도시에서 개최되는 유명 박람회의 경우 호텔이 많지 않기 때문에 민박을 많이 이용하게 되는데 민박도 사전에 예약하지 않으면 구하지 못하는 경우도 생긴다.

박람회 개최관련 정보는 박람회 주최자에게 요청하거나 박람회 사이트에 들어가면 참가업체나 출품품목 추세 등 전반적인 사항을 미리 파악해 볼 수 있다.

박람회 기간 중 바이어 등과의 미팅을 계획하고 있을 경우에는 사전에 바이어들과 약속해 두지 않으면 안 된다. 박람회 기간 중에는 바이어들도 대부분 미팅 약속이 잡혀 있기 때문이다.

사람들이 박람회를 참관하는 주요한 목적 중 하나는 기존에 거래하고 있는 바이어와는 박람회라는 기회에 한번 만나서 기존 거래관계를 보다 긴밀히 하는 한편 신규 바이어를 발굴해서 새로운 거래관계를 만들어 보는 것이다.

따라서 기존 바이어들과는 사전에 연락을 해서 박람회 기간 중 미팅 약속을 하는 것은 물론이고 박람회를 방문할 만한 새로운 바이어들을 찾아내 이들과 상담약속을 하는 것이 필요하다.

박람회 참관 이렇게 하라 | 하노버 CeBIT과 같이 큰 박람회에 가 보면 그 규모에 질려서 "어디서부터 보아야 하지" 하는 생각이 들 때가 많다. 그렇다고 아무 전시장부터 생각 없이 둘러볼 수는 없다.

유명 박람회에 따라서는 좀더 자세히 보려면 며칠을 가져도 모자라는 경우도 있다. 규모가 큰 유명 박람회의 경우 참관을 잘 하려면 요령이 필요하다.

전시장에 도착하면 먼저 전시장 입구 등록대에서 참관 등록을

한 후 등록대 주변의 인포메이션 데스크에서 박람회 전체 위치도면(Floor Plan 또는 Floor Map)과 박람회 디렉토리(Official Catalogue 또는 Show Directory)를 입수한다. 박람회 디렉토리는 무료로 주는 박람회도 있으나 유명 박람회의 경우 대부분 유료이다.

박람회 전체 위치도면을 보면 각 Hall별로 참가업체 위치가 알파벳 순서로 나와 있어 찾고 싶은 업체를 쉽게 찾을 수 있다.

박람회 디렉토리에는 참가업체 명단과 출품품목이 품목이나 분야별로 나와 있다. 박람회 전체 위치도면과 디렉토리에서 방문해 보고 싶은 업체를 일일이 체크해 본다. 그런 관심업체들을 염두에 두면서 전시장 각 Hall을 둘러보는 가운데 박람회 전체 분위기나 어떤 곳에 무슨 전시품이 나와있는지 눈여겨 본다.

박람회 전체에 대한 대략적인 파악이 끝났다는 생각이 들면 관심을 가졌던 업체 부스들을 중심으로 전시품을 세밀히 둘러보면서 관심사항에 대해서는 그 부스 상담 요원에게 물어도 보고 메모도 하면서 카탈로그 등 자료도 수집한다.

전시장은 가능한 여러 번 둘러 보는 것이 좋다.

그래야 관심있는 업체나 앞으로 도움이 될만한 업체 부스를 하나도 놓치지 않고 볼 수 있고 특징적인 전시품이나 참가업체 상담 요원과의 대화 내용 등도 기억에 잘 남게 되기 때문이다.

박람회 참관이 끝나고 나면 중요한 것, 특징적인 것, 참고가 될 만한 것에 대해서는 잘 메모해 두어 나중에 참고가 되도록 한다.

박람회 참관 중에 할 수 있는 마케팅 활동

그러면 박람회를 참관하는 기회를 활용하여 어떻게 마케팅할 것인가를 살펴본다.

참관은 박람회장 내에 베이스로 삼을 독자적인 부스가 없기 때문에 마케팅 활동을 한다는 것이 때로는 막연하게 느껴질 수도 있다.

■ 바이어와 상담기회를 갖도록 노력한다

박람회에 자사 부스가 없다고 해서 바이어들과 상담기회를 가질 수 없는 것은 아니다.

유명 박람회일수록 관련업계 바이어들이 대거 집결하게 되므로 이들을 대상으로 적극적인 상담 활동을 하게 되면 참가하는 것 못지 않은 거래성과를 올릴 수 있다.

박람회 기간 중 상담을 하기 위해서는 박람회 개최 전에 충분한 시일을 두고 상담약속을 해야 하는 것은 물론이다.

현지 상공회의소나 KOTRA 무역관 등을 통해 바이어에 대한 정보를 입수해서 참관가능성이 있는 바이어들에게 연락해 보는 노력이 필요하다.

또한 독자적인 부스가 없기 때문에 바이어와의 미팅에 불편이 있겠지만 박람회장 내에 있는 비즈니스센터나 Service Area, 호텔 등 서로 편리한 장소를 상담장소로 활용할 수 있다.

■ 잘 알고 있는 업체 부스를 활용하여 출품한다

박람회에 참가하는 업체 중 평소 잘 알고 지내는 업체가 있을 경우 그 업체의 협조를 얻어 샘플을 부스 일부에 전시해 보는 것도 좋은 방법이다.

품목이 중복되거나 경쟁관계에 있지 않을 경우 해당 업체만 허락해 주면 샘플을 출품할 수 있으며 경비 분담을 요구하는 경우 경비를 분담하여 적극적으로 부스를 활용하는 것도 좋은 방법이다.

그러나 이러한 방법은 해당 업체가 단독으로 참가할 경우에만 해당되는 것이며 공동관에서는 금지되는 사항이기 때문에 바람직하지 않다.

■ 참가업체와도 상담을 시도한다

박람회에 참가한 업체들이 곧 바이어인 경우도 있다.

참가업체가 생산업체일 수도 있지만 Distributor나 바이어인 경우도 많기 때문에 의외로 참가업체와 상담이 이루어지는 경우도 많다.

참가업체가 출품한 제품 중 자기제품과 같은 품목이 있는지를 한번 파악하고 나서 그 품목을 출품한 참가업체가 Distributor나 바이어인 경우 품질과 가격 등을 한번 살펴본 후 자사제품이 경쟁력이 있다고 판단될 경우 그 참가업체와 공급 가능성을 한번 타진해 볼 수 있다

참가업체들은 자기 제품을 팔러나온 사람들이지만 자기제품보다 공급조건이 좋으면 역으로 구매할 수도 있기 때문이다.

■ 최신 시장정보를 입수한다

독자적인 부스를 가지고 박람회에 참가하는 경우 부스 운영 때문에 부스에 발이 묶이는 경우가 많지만 참관의 경우는 박람회장에서 자유롭게 활동할 수 있는 이점도 있다.

특히 유명 박람회의 경우는 하루에 전시장을 다 둘러보기가 힘들 정도로 규모가 크므로 여유를 가지고 시장조사를 하는 데는 참관기회가 오히려 편리하다고 할 수 있다.

유명 박람회는 해당 산업계가 대부분 참가하고 또한 일년 중 주요한 거래가 박람회 기간 중 이루어지기 때문에 하루이틀 사이에 전반적인 시장동향과 신제품 및 경쟁사 정보를 파악하는 데는 박

람회 만큼 좋은 장소가 없다.

■ 좋은 세미나가 있으면 참석한다

박람회 기간 중 전시 상담 활동과 병행하여 각종 기술세미나, 워크샵, 포럼 등 새로운 기술을 소개하고 참가자들을 교육시키기 위한 세미나 개최가 증가하고 있는 추세이다.

유명 박람회일수록 세미나 내용이 다양하고 수준이 높아 이러한 세미나 때문에 박람회에 참가하는 사람들도 상당한 비중을 차지하고 있다.

이러한 세미나 참가를 통해 최신 기술정보, 전문가의 연구성과, 제품 트랜드에 관한 정보를 입수할 수 있으며 세미나에 참석한 업계 주요 인사나 전문가들과 Networking해 두면 나중에 많은 도움이 될 수 있을 것이다.

■ 차기 박람회 참가 시를 대비한다

유명 박람회라 하더라도 그 박람회에 한번도 가 본 적이 없어 불안한 상태에서 많은 비용을 들여 부스를 꾸미고 참가하는 것보다는 우선 참관해 보는 것이 보다 안전하고 경제적인 방법이다.

박람회의 성격과 전시품 출품 동향, 바이어들의 취향, 경쟁업체 동향, 박람회 분위기 등을 참관기회에 잘 파악해 두면 향후 박람회 참가 시에는 보다 성공적으로 참가할 수가 있다.

또 참관 기회에 박람회 주최자와 직접 만나 차기 박람회 부스 배정시 협조를 요청할 수도 있고 부스장치나 각종 서비스 신청에 관한 사항도 미리 알아봄으로써 효과적으로 준비할 수가 있다.

해외 박람회 참관단을 이용한다

해외 유명 박람회인 경우 해외 박람회 주최자 서울 사무소 또는 국내 여행사에서 참관단을 모집하는데 이런 기회를 활용하는 것도 좋은 방법이다.

그러나 단체 활동이므로 활동이 다소 자유스럽지 않은 불편도 있지만 해외 박람회 주최자 서울사무소나 여행사에서 박람회 참관에 따른 기본적인 준비를 대행해 주므로 편리한 점도 많다.

부록

1_ 박람회 참가 추진 키 포인트 매뉴얼

2_ 추천 해외 유명 박람회

01 박람회 참가 추진 키 포인트 매뉴얼

1. 박람회 참가추진 핵심 프로세스

제1단계 | 박람회 참가준비

유명 박람회 발굴 → 박람회 성격 분석 → 참가 박람회 선정 → 참가 신청 → 부스 위치/규모 확정 → 참가 세부 계획/목표 설정

제2단계 | Pre-Show 마케팅

유치대상 바이어 명단 확보 → 초청장 발송/Telemarketing → 상담계획 수립 → 사전 홍보

제3단계 | 부스운영 준비

부스서비스 신청 → 전시품 출품 계획 → 부스장치 계획 → 홍보책자/판촉물 준비 → 전시품 운송/통관 → 숙소/항공편 예약 → 상담직원 파견 → 부스 Opening

제4단계	On-Site 마케팅

거래상담 / 제품홍보 / Networking / 거래동향 파악

제5단계	Post-Show 마케팅

상담결과 Follow-up ➡ 상담 바이어 관리 ➡ 성과분석 ➡ 차기 박람회 참가준비

2.

어떤 박람회에 참가할 것인가?

- 박람회에서 거래되는 품목이 자기제품 성격과 맞는 박람회
- 자기제품 취급 바이어들의 방문이 많고 거래 상담이 활발한 박람회
- 자기제품과 브랜드를 잘 홍보할 수 있는 박람회
- 거래동향 정보를 잘 파악할 수 있는 박람회

3.

유망 박람회를 찾아내는 방법

- 박람회 관련 site / 국제박람회 디렉토리 이용
- 해당 박람회 site / 디렉토리 / 부로슈어 참고
- 유관기관 단체 / 과거 참가업체에 문의
- 직접 방문 참관

4.
부스 위치 어디가 좋은가?

- 내방객의 출입이 잦은 Hall의 입구 / 중앙부분 / 주통로 양쪽
- 품목별로 Hall 이 나눠지는 경우는 해당 Hall에 반드시 임차
- 주요 업체들의 부스가 많이 위치한 곳 주변
- 경쟁력이 있는 경우는 경쟁업체들의 부스가 밀집된 곳
- Hall의 뒷부분이나 막다른 위치는 불리
- 확신이 없는 경우는 주최측과 상의

5.
박람회 담당자의 10가지 임무

- 참가대상 박람회 발굴 / 부스 확보
- 참가 세부계획서 / 예산서 작성
- 참가 추진일정표 / 참가매뉴얼 작성
- 부스 서비스 신청
- 박람회 주최자 / 공동관 참가 주관기관 접촉
- 회사관련 부서 간의 참가추진관련 업무협조
- 사전 마케팅 활동 / 부스운영준비
- 박람회 기간 등의 상담 활동 / 부스관리 운영
- 거래동향 정보 파악 / Networking
- 사후 관리

6.

박람회 참가 시 어떤 목표를 세울 것인가?

- 신규 거래선 / 신규 에이전트 발굴
- 기존 거래선과의 거래 확대 / 관계 강화
- 현장에서의 오더 수주
- 신제품 소개 / 고객반응조사
- 브랜드 이미지 제고
- 최근 시장동향 / 경쟁사정보 입수
- 신제품 개발동향 / 신규 디자인 트랜드 파악
- 업계 관계자들과의 Networking
- 박람회 부대행사(세미나 등) 참가

7.

사전 마케팅 활동 무엇을 해야하나?

- 유치대상 바이어 명단 작성
- 개별 초청장 발송 / Telemarketing 활동
- 상담스케줄 작성 / 상담계획 준비
- 박람회 디렉토리 게재

8. 이런 전시품을 출품하는 것이 좋다

- 신제품과 최신 Model 위주로 준비한다
- 아이디어 상품을 출품한다
- 유행이 지난 제품도 지역에 따라서는 신제품이 될 수 있다
- 현지 전기주파수 / 전압에 맞는 제품을 출품한다.
- 국제적 품질 / 규격 인증마크를 잘 활용한다.
- 해당 국가의 규정상 수입이 가능한 제품을 출품한다.
- 특허나 디자인 Copy 분쟁 소지가 있는 제품출품에 조심한다.
- 신제품의 경우 기밀노출에 주의한다.

9. 부스장치 시 이런 점을 고려한다

- 부스장치는 부스에 대한 첫인상이란 점을 유의한다.
- 방문객이 회사 이미지와 전시품을 한눈에 파악하도록 장치한다.
- 특색있는 부스가 되도록 한다.
- 중소기업의 경우 Rental Stand 가 경제적이다.
- 국내에서 장치 지원물을 가져가는 것이 좋다.
- 독립식 부스는 제품 특성이 잘 반영되도록 장치한다.
- 부스 조명은 여자의 화장과 같다.

10.

전시품 운송통관 시 유의사항

- 전시품 운송일정을 너무 타이트하게 잡아 통관에 차질을 빚지 않도록 한다.
- 박람회 지정 통관업체들 중 하나를 선정 이용한다.
- 전시품과 지역 특성을 고려하여 통관 시 애로에 대비한다.
- 통관 시 도난사고에 대비하여 반드시 Wooden Packing하도록 한다.
- 전시품 Invoice Value 작성 시 무리한 undervalue 는 지양한다.
- 항공 핸드캐리 샘플은 현지공항 관세 부과에 대비한다.
- 전시품은 디스플레이 시작 직전에 부스에 Delivery 하도록 한다.
- 전시품 사후 처리를 미리 준비토록 한다.

11.

박람회 개막 직전에 꼭 해야 할 7가지의 일

- 부스 상담직원이 박람회장에 도착하면 먼저 부스와 장치 진행상태를 점검한다.
- 전시품을 인수하고 도난 방지에 유의한다.
- 전시품 디스플레이
- 부스 서비스 신청사항에 대한 이행 여부 확인
- 도우미 오리엔테이션
- 여타 외국업체 / 경쟁업체 부스를 둘러보고 참고한다.
- 개막 전날 오후까지 모든 준비를 마무리한다.

12. 박람회 기간 중의 실전 마케팅 요령

- 상담은 박람회 기간 중 신속히 완결한다.
- 객관적 입장에서 제품을 설명한다.
- 제품의 특성과 기능을 잘 소개한다.
- 신규 바이어는 직접 만나 실체를 확인한다.
- 바이어의 관심사항과 성격을 잘 파악한다.
- 부스 방문객을 적절히 응대하는 요령이 필요하다.
- 거래계약을 맺는데 너무 조급하지 않도록 한다.
- 박람회 기간을 기존 바이어들과의 관계를 강화하는 기회로 삼는다.
- 유망 바이어와는 친해지도록 노력한다.
- 전자 카탈로그와 전자견적 시스템을 잘 활용한다.
- 언어소통이 원활치 못할 경우 미심쩍은 사항은 재확인한다.
- 직설적인 표현으로 바이어들의 기분을 상하게 하지 않는다.
- 방문객이 흥미를 느끼도록 Demonstration 한다.
- 숙련된 Operation 이 필요하다.
- 전시품의 내부를 효과적으로 보여 준다.
- 카드 리더기를 잘 활용한다.
- 상담일지를 활용한다.
- 박람회의 시상기회를 잘 활용한다.
- Networking 행사에 적극 참여해서 업계관계자들과의 친교에 힘쓴다.
- 신기술, 신제품관련 분야는 사전 홍보에 노력한다.

- 상담준비물을 잘 챙긴다.
- 좋은 박람회다 싶으면 꾸준히 참가한다.
- 성격이 조금 다른 박람회도 참가가능성을 검토한다.
- 시간나는대로 다른 외국업체 부스를 둘러보며 의견을 교환한다.
- 전시상품은 박람회 마지막날 처분한다.

13. 박람회 상담 요원에게 필요한 수칙

- 상담 요원은 박람회에서의 활동요령을 꿰고 있어야 한다.
- Pro-mind 의 세일즈맨이 되도록 한다.
- 성실한 자세로 상담 활동에 임하도록 한다.
- 분위기가 부드러운 부스가 되도록 한다.
- 부스를 비워서는 안 된다.
- 부스 내에서는 비즈니스 복장이 좋다.
- 상담 요원들끼리 부스에 모여있지 않는다.
- 부스 내에서 PC 를 사용하거나 신문을 보지 않도록 한다.
- 부스 내에서는 식사를 하지 않는다.
- 멍하니 앉아 있거나 우두커니 서있지 않는다.
- 몸냄새로 인한 불쾌감을 주지 않도록 한다.
- 부스 내에서 휴식을 취하지 않는다.

- 바이어 접대용 음료를 준비한다.
- 너무 큰소리로 말해 바이어가 거북해하지 않도록 한다.

14.
사후 관리가 상담의 성패를 좌우한다

- 귀국한 후 상담했던 바이어들에게 감사편지 송부
- 구체적인 상담이 있었던 바이어들에게는 상담했던 내용을 정리하여 확인토록 하고 거래희망의사 표시
- 추후처리를 약속한 사항(샘플발송 / 스펙변경 / 가격 nego 등)은 조치내용을 홍보
- 주문내용은 Proforma Invoice 로 Offer
- 가격과 거래조건 등에 대한 추가 nego 가 필요한 경우 상담 계속
- 상담바이어들을 중요도에 따라 A, B, C, D 4등급으로 구분 관리

15.
참가성과 분석 정확히 할 수 있다

- 여타 박람회 참가성과 대비 오더수주결과 분석
- 여타 박람회 참가 시 대비 신제품 소개성과 파악
- 투입경비 대비 거래실적 분석
- 다른 마케팅 방법에 의한 실적 대비 거래성과 분석

- 유망 거래선과의 상담추진결과 분석
- 여타 박람회 대비 현장판매실적 비교
- 신규 바이어 접촉성과 분석
- 브랜드 이미지 홍보효과 측정
- 전시품 선정의 적정성 / 부스위치와 규모 / 홍보활동 내용 / 예산집행의 효율성 등 분석
- 위의 개별적인 내용들을 종합 분석하여 여타 박람회의 경우와 비교 분석

16. 박람회 참가 성과가 부진한 이유

- 출품된 제품이 부실한 경우
- 거래가 부진한 박람회에 참가한 경우
- 박람회 성격에 맞지 않는 전시품을 출품
- 참가준비나 사후 관리의 미흡
- 전반적인 시장수요가 감퇴한 경우
- 부스 위치가 좋지 않거나 상담 요원의 역할 부족

17. 박람회 참관 잘 하는 방법

- 구체적인 참관목표 설정
- 참관대상 박람회 선정
- 참관을 위한 사전준비: 참관사전 등록 / 세미나 참가신청 / 박람회 관련자료 검토 / 바이어와의 미팅 약속

- 박람회 참관: 참관등록 / 박람회 전체 분위기 파악 / 관심부스 방문 대화 / 카탈로그 등 자료수집과 참고사항 메모

18.

박람회 참관 중에 이런 마케팅 활동을 할 수 있다

- 바이어와의 상담약속
- 잘 알고 있는 업체부스를 활용한 출품
- 참가한 외국 업체와의 상담 시도
- 시장정보 입수
- 세미나 참석
- 차기 박람회 참가대비준비

02 추천 해외 유명 박람회

미국

개최기간은 2008년도 기준
연번
박람회명
개최기간
성격(Home-page)

1
뉴욕 동계 선물용품 / New York Int' l Gift Fair
2.1 ~ 2.6
미동부 최대의 선물용품 박람회(www.glmshows.com)

2
뉴욕 광학 / Vision Expo East
4.11 ~ 4.13
미국 내 유명 광학 관련 박람회(www.visionexpo.com)

3
뉴욕 보석 / JA Int' l jewelry show
7.27 ~ 7.30
미국 최대 귀금속 보석 박람회(www.ja-newyork.com)

4
뉴욕 하계 선물용품 / New York Int' l Gift Fair

8.16 ~ 8.21
미동부 최대의 선물용품 박람회(www.glmshows.com)

5
뉴욕 보안장비 / ISC EAST
9.9 ~ 9.10
미동부 최대의 보안장비 박람회(www.reedexpo.com)

6
뉴욕 미용 / Beauty FUSION
9.18 ~ 9.20
미국 유명 미용용품 박람회(www.cmpprinceton.com)

7
뉴욕 치과 기자재 / GNYDM
11.25 ~ 11.28(2007)
미국내 유명 치과 기자재 박람회(www.gnydm.com)

8
디트로이트 자동차부품 / SAE World Congress
4.14 ~ 4.17
미국 최대 OEM 자동차부품 박람회(www.sae.org)

9
라스베가스 소비재 전자 / Int' l CES
1.7 ~ 1.10
베를린 IFA와 쌍벽을 이루는 미국 최대 소비재 전자 박람회 (www.cesweb.org)

10
라스베가스 춘계 매직쇼 / MAGIC Marketplace
2.12 ~ 2.15
미국 최대 섬유직물 박람회(www.magiconline.com)

11
라스베가스 보안장비 / ISC West
4.2 ~ 4.4
미국 서부 지역 최대 보안장비 박람회(www.reedexpo.com)

12
라스베가스 넷월드 인터럽 / NetWorld + Interop
4.27 ~ 5.2
미국 최대 인터넷, 텔리커뮤니케이션 박람회(www.interop.com)

13
라스베가스 하드웨어 / National Hadware Show + Lawn & Gardenworld
5.6 ~ 5.8
미국 유명 하드웨어 및 정원용품 박람회(www.reedexpo.com)

14
라스베가스 미용 / Cosmoprof North America
7.13 ~ 7.15
미서부 최대의 미용용품 박람회(www.cosmoprof.it)

15
라스베가스 추계 매직쇼 / MAGIC Marketplace
8.25 ~ 8.28
미국 최대 섬유직물 박람회(www.magiconline.com)

16
라스베가스 자동차부품 / AAPEX
11.4 ~ 11.6
미국 최대 자동차부품 Aftermarket 박람회(www.aapexshow.com)

17
라스베가스 자동차부품 및 타이어 / SEMA Show

10.30 ~ 11.2(2007)

미국 유명 자동차부품 액세서리, 타이어 박람회(www.semashow.com)

18

시카고 냉난방 공조 / Int' l AHR EXPO

1.22 ~ 1.24

미국 최대 냉난방 공조 박람회로 시카고와 Dallas에서 교대로 개최 (www.ahrexpo.com)

19

시카고 치과장비 / Chicago Dental Society Midwinter Meeting with Exhibition

2.21 ~ 2.24

미국 유수 치과 장비 박람회(www.cds.org)

20

시카고 미용 / Chicago Midwest Beauty Show

3.1 ~ 3.3

미중서부 최대 미용 박람회(www.isnow.com)

21

시카고 가정용품 / Int' l Home and Housewares Show

3.16 ~ 3.18

미국 최대의 하우스웨어 박람회(www.housewares.org)

22

시카고 엔지니어링 / National Manufacturing Week

9.25 ~ 9.27(2007)

엔지니어링 관련 미국 최대규모의 박람회 (www.reedexpo.com)

23

샌디에고 바이오 / Int' l Convention and Exhibition for Biotechnology

6.17 ~ 6.20

미국 최대의 Biotechnology 박람회(www.bio2008.org)

24
시카고 플라스틱 / The Exposition and Conference for the Plastics Industry
6.22 ~ 6.26(매 3년)
미국 최대의 플라스틱 산업 박람회(www.npe.org)

25
시카고 공작기계 / IMTS
9.8 ~ 9.13(매 2년)
유럽의 EMO와 함께 세계 양대 공작 기계 박람회의 하나(www.imts.com)

26
애너하임 자연식품 / Natural Products Expo West
3.14 ~ 3.16
미국 최대의 자연식품 박람회의 하나
(www.expowest.com)

27
라스베가스 운동용구 / SGMA Spring Market
6.9 ~ 6.11
미국 최대의 운동용구 박람회(www.thesupershow.com)

28
워싱턴 정부조달 / FOSE(America' s IT Forum)
4.1 ~ 4.3
미국 정부조달 최대 박람회(www.postnewsweektech.com)

29
워싱턴 자연식품 / Natural Products Expo East
N/A
미국 최대 자연식품 박람회로서 봄에는 애너하임에서 개최(www.expoeast.com)

30
샌프란시스코 반도체 / SEMICON WEST
7.15 ~ 7.17
미국 최대의 반도체 박람회(www.semi.org)

독일

31
뒤셀돌프 포장기계 / InterPack
4.24 ~ 4.30(매 3년)
독일 최대 포장, 제과기계 박람회(www.interpack.de)

32
뒤셀돌프 플라스틱, 고무제품기자재 / K(Int' l Trade Fair plastics + Rubber)
2007.10.24 ~ 10.31(매 3년)
독일 최대 프라스틱, 고무제품 기계 및 원자재 박람회(www.k-online.de)

33
뒤셀돌프 의료기기 / MEDICA
11.19 ~ 11.22
세계 최대 의료기기 박람회의 하나(www.messe.de)

34
뮌헨 운동용구 / ISPO Winter/Summer
1.27 ~ 1.30, 6.29 ~ 7.1
동계와 하계로 나뉘어 연 2회 개최되는독일 최대 운동용구 박람회
(www.ispo.com)

35
뮌헨 건설장비 / BAUMA + MINING
2007.4.23 ~ 4.29(매 3년)

세계 최대 건설장비 박람회(www.messe-muenchen.de)

36
뮌헨 실험계측기기 / Analytica
4.1 ~ 4.4(매 2년)
실험, 계측기기관련 독일 최대 박람회(www.analytica.de)

37
뮌헨 환경 / IFAT
5.5 ~ 5.9(매3년)
환경, 폐수, 폐기물처리관련 유명박람회(www.ifat.de)

38
뮌헨 정보통신SYSTEMS
10.23 ~ 10.26(2007)
독일에서 CeBIT 다음으로 큰 정보통신 박람회(www.systems.de)

39
뮌헨 전자부품 / Electronica
11.11 ~ 11.14(매 2년)
세계 최대 전자부품박람회(www.electronica.de)

40
뉴렌버그 완구 / Spielwarenmesse
2.7 ~ 2.12
세계 최대 완구 박람회(www.spielwarenmesse.de)

41
뉴렌버그 냉난방 공조 / IFH/Intherm
4.16 ~ 4.19
독일 최대 냉난방, 공조, 화장실설비 박람회(www.ifh-intherm.de)

42
베를린 철도차량 및 수송 / InnoTrans
9.23 ~ 9.26(매 2년)
철도 차량, 수송기술분야 독일 최대 박람회(www.innotrans.com)

43
2009 베를린 전자제품 / IFA
9월(매 2년)
CES와 함께 세계 양대 전자전의 하나(www.messe-berlin.de)

44
에센 피트니스, 레저, 건강 / FIBO
4.10 ~ 4.13
독일 최대의 피트니스, 레저, 건강 박람회(www.fibo.de)

45
에센 보안장비 / SECURITY
10.7 ~ 10.10(매 2년)
유럽의 3대 보안장비 박람회의 하나(www.security-messe.de)

46
쾰른 가구 / Imm Cologne
1.14 ~ 1.20
세계 최대 가구 박람회(www.imm-cologne.de)

47
쾰른 하드웨어 박람회 / Int' l Hardware Fair
3.9 ~ 3.12(매 2년)
세계 최대 하드웨어 박람회(www.koelnmesse.de)

48
쾰른 의류 섬유가공 기술IMB

2009.4.21 ~ 4.24(매 3년)
유럽최대의 의류생산 및 섬유가공 기술 박람회(www.imb.de)

49
쾰른 방송, 통신장비 / ANGA Cable
5.27 ~ 5.29
독일 최대의 방송, 통신장비 박람회(www.angacable.de)

50
쾰른 운동용구 / Spoga
8.31 ~ 9.2
ISPO와 함께 독일의 대표적인 운동용구 박람회(www.spoga.de)

51
쾰른 영상기기 / Photokina
9.23 ~ 9.28(매 2년)
세계 최대 영상기기 박람회(www.photokina.de)

52
쾰른 식품 / Anuga
2007.10.13 ~ 10.17(매 2년)
세계 최대 식품 박람회(www.anuga.de)

53
프랑크푸르트 가정용 직물Heimtextil
1.9 ~ 1.12
세계 최대의 가정용직물 박람회(www.messefrankfurt.com)

54
프랑크푸르트 문구 / Paperworld
1.23 ~ 1.27
독일 최대의 문구 박람회(www.messefrankfurt.com)

55
프랑크푸르트 미용 / Beautyworld
1.25 ~ 1.27
독일 최대의 미용관련 박람회(www.messefrankfurt.com)

56
프랑크푸르트 크리스마스용품 / Christmasworld
1.23 ~ 1.27
독일 최대의 크리스마스용품 박람회(www.messefrankfurt.com)

57
프랑크푸르트 춘계소비재 / Ambiente
2.8 ~ 2.12
세계 최대의 소비재 박람회(www.messefankfurt.com)

58
프랑크푸르트 악기 / Musikmesse
3.12 ~ 3.15
미 애너하임 악기쇼와 함께 세계 양대 악기쇼의 하나 (www.messefrankfurt.com)

59
프랑크푸르트 공조 / ISH
2009.3.10 ~ 3.14(매 2년)
화장실 설비, Heating, 에어컨관련 독일 최대 박람회
(www.messefrankfurt.com)

60
프랑크푸르트 추계소비재 / Tendence Lifestyle
7.4 ~ 7.8
추계소비재 박람회(www.messefrankfurt.com)

61
프랑크푸르트 자동차부품 / Automechanika
9.16 ~ 9.21(매 2년)
독일 최대의 자동차부품 박람회(www.automechanika.de)

62
2007 프랑크푸르트 자동차 / IAA
9.13 ~ 9.23(매 2년)
유럽 최대 자동차 박람회(www.iaa.de)

63
프랑크푸르트 서적 / Frankfurt Book Fair
10.15 ~10.19
세계 최대 서적 박람회(www.book-fair.com)

64
프랑크푸르트 금형 / EuroMold
12.3 ~ 12.6
세계 최대의 금형박람회(www.demat.com)

65
하노버 정보통신 / CeBIT
3.4 ~ 3.9
세계 최대 정보통신 박람회(www.cebit.de)

66
하노버 산업 / HANNOVER MESSE
4.21 ~ 4.25
세계 최대의 기계류 종합 박람회(www.messe.de)

67
하노버 공작기계 / EMO

9.8 ~ 9.13(매 2년)
세계 최대의 공작 기계 박람회(www.messe.de)

프랑스

68
리용 환경 / POLLUTEC
11.27 ~11.30(2007)
유럽 최대의 환경 기술 박람회 중의 하나로 파리와 리용에서 교대로 개최
(www.pollutec.com)

69
파리 가구 장식, 원부자재 / APPROFAL
1.24 ~ 1.28
프랑스 최대 가구 장식, 원부자재 박람회(www.salondumeuble.com)

70
파리 여자 기성복 / PRET A PORTER PARIS
1.24 ~ 1.27, 9.4 ~ 9.7
세계 최대 여자 기성복 박람회로서 춘추계로 개최(www.pretparis.com)

71
파리 캐쥬얼웨어 / WHO' S NEXT
1.24 ~ 1.27, 9월
프랑스 최대 캐쥬얼웨어 박람회로서 파리 여성기성복박람회와 같은 기간 중 춘추계로 개최 (www.whosnext.com)

72
파리 모조장신구 / BIJORCHA
1.24 ~ 1.27, 9월
프랑스 최대 모조장신구 박람회로서 파리 여자 기성복 박람회와 같은 기간 중 춘추계

로 개최(www.bijorcha.com)

73
파리 소비재 / MAISON & OBJET
N/A
프랑스 최대의 Decoration용품, 선물용품, 가정용품 박람회로서 년2회 개최
(www.maison-objet.com)

74
파리 내의류 / LINGERIE PARIS - S.I.L.
1.24 ~ 1.27
프랑스 최대 내의류, 수영복 박람회(www.lingerie-paris.com)

75
파리 직물 / Texworld
2.18 ~ 2.21, 9.17 ~ 9.20
프랑스 최대의 직물 박람회로서 연 2회 개최(www.texworld.messefrankfurt.com)

76
파리 미용 / COSMEETING
10.1 ~ 10.4(2007)
프랑스 최대의 미용용품 박람회(www.cosmeeting.com)

77
파리 안경 / SILMO PARIS
10.19 ~ 10.22
밀라노 안경 박람회(MIDO)와 쌍벽을 이루는 세계적인 안경 박람회(www.silmo.fr)

78
파리 식품 / SIAL
2007.10.19 ~ 10.22(매 2년)
쾰른 ANUGA와 쌍벽을 이루는 프랑스 최대 식품 박람회(www.sial.fr)

79

파리 보안장비 / EXPO PROTECTION / FEU

11.4 ~ 11.7

유럽 3대 보안장비 박람회의 하나(www.expos-protection.com)

80

2007 파리 자동차부품 / EQUIP AUTO

10월(매 2년)

프랑크푸르트 Automechanika와 쌍벽을 이루는 프랑스 최대의 자동차 부품 박람회 (www.equipauto.com)

81

2007 파리 건축자재 / BATIMAT

11월(매 2년)

프랑스 최대 건축자재 박람회(www.batimat.com)

이탈리아

82

밀라노 보안장비 / SICUREZZA

11.25 ~ 11.28(매 2년)

이탈리아 최대의 보안장비 박람회(www.intelshow.it)

83

볼로냐 미용 / COSMOPROF

4.11 ~ 4.14

세계 최대 미용관련 박람회(www.cosmoprof.it)

84

밀라노 안경 / MIDO

5.9 ~ 5.12

세계 최대의 안경관련 박람회(www.mido.it)

85
볼로냐 의료기기 / EXPOSANITA
5.28 ~ 5.31(매 2년)
유럽에서 두 번째로 큰 의료기기 박람회(www.senaf.it)

86
밀라노 정보통신 / SMAU
매년 10월
유럽 제2위의 정보통신 박람회(www.smau.it)

영국

87
버밍햄 춘계 소비재
2.3 ~ 2.7
영국 최대의 소비재 박람회로 춘추계로 개최(www.springfair.com)

88
버밍햄 보안장비 / IFSEC + Security Solutions
5.12 ~ 5.15
영국 최대의 보안장비 박람회(www.ifsec.co.uk)

네덜란드

89
암스텔담 도로교통 / Intertraffic
4.1 ~ 4.4(매 2년)
화란 최대 도로 교통 박람회(www.amsterdam.intertraffic.com)

90
2007 암스텔담 조선 기자재 / EUROPORT
11월(매 2년)
화란 최대의 선박 및 조선 기자재 박람회(www.europort.nl)

스위스

91
바젤 시계 보석 / Baselworld
4.3 ~ 4.10
세계 최대의 귀금속 보석 시계 박람회(www.baselworld.com)

중국

92
광조우 신발 및 피혁 기자재 / SHOES & LEATHER
5.28 ~ 5.31
중국 최대의 피혁, 신발 재료 및 가공 설비 박람회(www.toprepute.com.hk)

93
북경 섬유직물 / Intertextile Beijing Apparel Fabrics
3.27 ~ 3.29
섬유직물 및 부자재 관련 중국 유명 박람회(www.messefrankfurt.com.hk)

94
북경 의류 CHIC
3.28 ~ 3.31
중국 최대 의류 박람회(www.chic.com.cn)

95
북경 자동차 A/S장비 / AUTO MAINTEXPO CHINA
3.19 ~ 3.21
중국 최대의 자동차 A/S 장비 박람회(www.autoexpo.com.cn)

96
북경 기계 / CIMES & CMIF
10.9 ~ 10.13(매 2년)
각종기계, 공작기계 등이 출품되는 중국의 유명 기계 박람회(www.bjces.com.cn)

97
북경 섬유기계 / CITME
7.27 ~ 7.31
중국 유명 섬유 기계 박람회(www.citme.com.cn)

98
북경 화장품 / China Int' l Beauty Week
N/A
베이징 최대 화장품 박람회(www.beautyweek-china.com)

99
상하이 화동 / East China Fair
N/A
중국 최대 규모 종합품목 박람회의 하나로 국제적인 인지도가 높음
(www.itpc.com.cn)

100
상하이 건축자재 / Expo Build China
N/A
중국 최대의 건축자재 박람회로서 Buliding Interiors China 등 6개의 관련 박람회와
동시 개최 (www.fairysystem.it)

101
상하이 정보통신 / CeBIT Asia
10.10 ~ 10.13(2007)
하노버 CeBIT 의 중국판임(www.hfchina.com)

102
상하이 식품 / Sial China
5.14 ~ 5.16
상하이 최대 식품 박람회로서 PackTech & FoodTech와 동시 개최
(www.exposium.fr)

103
상하이 가구 생산 기자재 / FurniTek China
N/A
중국 최대의 가구 생산 기계 및 자재 박람회의 하나로 WoodBuild China, WoodMac China와 동시 개최(www.chinaallworld.com)

104
상하이 환경 / IFAT China
N/A(매 2년)
뮌헨 IFAT의 중국판으로 2회째 개최되는 환경관련 박람회 (www.ifat-china.com)

105
상하이 식품 가공 및 포장 / ProPak China
N/A
중국 최대 식품가공 및 포장기자재 박람회(www.chinaallworld.com)

106
상하이 가구 / Furniture China
9월
중국 최대 가구 박람회의 하나로 4개의 가구 생산관련 박람회와 동시 개최
(www.cmpsinoexpo.com)

107
상하이 하드웨어 / China Int' l Hardware Show
N/A
중국 최대 하드웨어 박람회(www.cihs.com.cn)

108
상하이 전력 및 에너지 설비 / Energy Asia
N/A
중국 최대 전력 및 에너지 관련 기자재 박람회로서 Hannover Messe가 주관함
(www.hfchina.com)

109
상하이 주차설비 및 인텔리전트 시스템 / Inter Parking
11월
중국 최대의 주차설비 및 인텔리젠트 설비 박람회(www.siec-ccpit.com)

110
상하이 자동차부품 및 장비 / Automechanika Shanghai
12월(매 2년)
프랑크푸르트 Automechanika의 중국판임
(www.hongkong.messefrankfurt.com)

일본

111
동경 나노 테크 / Nano Bio Expo
2.13 ~ 2.15
일본 최대 나노테크관련 박람회(www.ics-inc.co.jp)

112
동경 소매점 / RETAILTECH JAPAN

3.4 ~ 3.7
일본 최대의 프랜차이즈, 소매점 시스템 박람회로서 JAPAN SHOP, Franchise Show & Business Expo 등과 동시 개최(www.retailtech.jp)

113
동경 미용 / Beautyworld Japan
5.7 ~ 5.9
프랑크푸르트 Beautyworld의 일본판이며 일본 최대의 미용박람회(www.beautyworldjapan.com)

114
동경 바이오 엑스포 / Bio Expo Japan
7.2 ~ 7.4
일본 최대의 바이오 관련 박람회(www.bio-expo.jp)

115
동경 생활용품 / Style Asia
6.11 ~ 6.13
일본 최대의 생활용품 박람회(www.interior-lifestyle.com)

116
동경 광학 / Int'l Optic Fair Tokyo
10.10 ~ 10.12(2007)
일본 최대의 광학 박람회(www.reedexpo.co.jp)

117
2007 동경 포장기계 / Japan Pack
10.7 ~ 10.11(매 2년)
일본최대의 포장기계 박람회(www.jpi.or.jp)

118
동경 건축 / Japan Home & Building Show

11.12 ~ 11.14
일본 최대의 하우징쇼(www.jma.jp)

119
2007 동경 계측기기 / NDE TOKYO
11.6 ~ 11.9(2007)
일본 최대의 계측기기 박람회(www.jma.or.jp)

120
동경 친환경 제품 / Environmentally Friendly Products Exhibition
12.13 ~ 12.15(2007)
세계적으로 알려진 친환경 박람회(www.eco-pro.com)

121
오사카 금형 / Die & Mold Asia
4.17 ~ 4.20
동경과 오사카에서 교대로 개최되는 일본 최대 금형관련 박람회
(www.itp.gr..jp/im/index.html)

홍콩

122
홍콩 문구 / Hong Kong Int' l Stationery Fair
1.7 ~ 1.10
아시아 최대 문구 박람회로 홍콩완구박람회와 동시 개최
(www.hkstationeryfair.com)

123
홍콩 완구 / Hong Kong Toys & Games Fair
1.7 ~ 1.10
아시아 최대 완구 박람회(www.kenfair.com)

124
홍콩 섬유직물Interstoff Asia
3.12 ~ 3.14, 10월
프랑크푸르트 Interstoff의 홍콩판으로 춘추계로 개최되며 춘계는 Source IT박람회와 동시 개최(www.hongkong.messefrankfurt.com)

125
홍콩 아시아 태평양 피혁 / APLF
3.31 ~ 4.2
아시아 최대 피혁 박람회로서 피혁 원부자재 박람회로 각광(www.aplf.com)

126
홍콩 가정용품 / Hong Kong Houseware Fair
4.21 ~ 4.24
아시아 최대 가정용품 박람회(www.hkhousewarefair.com)

127
홍콩 식품 / 2007 HOFEX - Food & Drink
8.14 ~ 8.18
홍콩 최대의 식품박람회로서 Wine & Spirits Asia, Seafood Asia 등 3개 박람회와 동시 개최(www.hkfoodexpo.com)

128
홍콩 아시아 패션 쥬얼리 / AFJ
N/A(연 2회)
아시아 최대 패션 쥬얼리 및 액세서리 박람회(www.jewellerynetasia.com)

129
홍콩 9월 보석 및 시계 / September Hong Kong Jewellery and Watch Fair
9월말
아시아 최대 보석 및 시계 박람회(www.jewellerynetasia.com)

130
홍콩 전자제품 / Hong Kong Electronics Fair
4.14 ~ 4.17
아시아 최대 전자제품 박람회로 홍콩전자부품 박람회와 동시 개최
(www.hkelectronicsfairae.com)

131
홍콩 전자부품 / ElectronicAsia
N/A
아시아 최대 전자부품 박람회로 홍콩전자제품 박람회와 동시 개최
(www.hkelectronicsfairae.com)

132
홍콩 아시아나 / ASIANA
N/A
완구, premium Item, 가정용품 등이 출품되는 유명 박람회(www.kenfair.com)

133
홍콩 미용 / Cosmoprof Asia
11.14 ~ 11.16(2007)
볼로냐 Comoprof의 아시아판으로 아시아 최대의 미용관련 박람회
(www.cosmoprof-asia.com)

싱가포르

134
싱가포르 항공우주 / Asian Aerospace
2009.9.22 ~ 9.25(매 2년)
아시아 최대 항공우주 산업 박람회(www.reedexpo.com.sg)

135
싱가포르 가구 / IFFS / AFS
3.9 ~ 3.12
싱가포르 최대의 가구 박람회(www.iffs.com.sg)

136
싱가포르 치과 기자재 / IDEM-Singapore
4.4 ~ 4.6(매 2년)
동남아 최대 치과 기자재 박람회(www.idem-singapore.com)

137
싱가포르 식품 / FHA
4.22 ~ 4.25(매 2년)
동남아 최대 식품 박람회로 HotelAsia, BakeryAsia 등 관련박람회와 동시 개최(www.sesallworld.com)

138
싱가포르 정보통신 / CommunicAsia
6.17 ~ 6.20
동남아시아 최대의 정보통신 박람회로서 NetworkAsia, Enterprise IT 등 관련 박람회와 동시 개최(www.sesallworld.com)

대만

139
타이베이 운동용구 / TaiSPO
3.13 ~ 3.16
대만 최대의 운동용구 박람회(www.taipeitradeshows.com.tw/sports)

140
타이베이 컴퓨터 / COMPUTEX Taipei

6.3 ~ 6.7
대만 최대의 정보통신 박람회(www.ComputexTaipei.com.tw)

UAE

141
두바이 홈테크 / Hometech Middle East
5.25 ~ 5.27
중동 최대의 가전제품 박람회로서 Lightstyle, Gulf Light 관련 박람회와 동시 개최 (www.hometechexpo.com)

142
두바이 건축기자재 / The Big '5' show
11.25 ~ 11.29(2007)
중동 최대의 건축자재 박람회(www.dmgdubai.com)

143
두바이 정보통신 / GITEX
9.8 ~ 9.12(2007)
중동 최대의 정보통신 박람회(www.gitex.com)

송 성 수

실무와 이론에 정통한 우리나라 전시컨벤션분야 전문가 중의 한 사람으로 꼽힌다.
고려대 영문학과를 졸업하고 헬싱키 경제경영대학원에서 경영학 석사학위를 취득하였다.
Kotra에 근무하는 동안 쓰쿠바 EXPO, 한일 Super EXPO 등 수많은 박람회 업무를 다루었으며 Kotra 전시컨벤션사업 총책임자로서 서울무역전시장(SETEC)을 운영하는 한편 한국전시산업진흥회를 출범시킨 산파 역할을 담당하였다.
또한 프랑크푸르트, 시카고, 싱가포르 등 세계 전시컨벤션산업 중심지에 근무하면서 선진국 사례를 직접 체험하고 연구하였으며 국내외 유명대학에서 전시컨벤션분야를 강의하고 있다.
현재 Kotra 감사실장으로 재직하고 있으며 저서로 「21세기 떠오르는 전시산업」이 있다.

박람회가 1등 기업을 만든다

2006年 1月 15日 初版發行
2007年 10月 20日 重版發行

著 者 송 성 수
發行人 安 鍾 萬
發行處 (株)博 英 社

서울特別市 鍾路區 平洞 13-31番地
電話 (733)6771 FAX (736)4818
登錄 1959. 3. 11. 제300-1959-1호(倫)

www.pakyoungsa.co.kr e-mail: pys@pakyoungsa.co.kr

저자와 협의하에 인지첩부를 생략함

定 價 15,000원

ISBN 89-7189-333-8